VIE ILLUSTRÉE DE Ste GERMAINE COUSIN

NÉE A PIBRAC

1579 - 1601

C. PAILLART, IMPRIMEUR-ÉDITEUR

ABBEVILLE

VIE POPULAIRE
ILLUSTRÉE
DE
SAINTE GERMAINE COUSIN

VIE POPULAIRE

ILLUSTRÉE

DE

SAINTE GERMAINE

COUSIN

NÉE A PIBRAC (1579-1601)

Texte: Par le R. P. F.-L. Comire, s. j.
Illustrations: Par M. R. du Faur vicomte de Pibrac
et par M. A. de Richemont

ABBEVILLE

C. PAILLART, IMPRIMEUR-ÉDITEUR

des Brochures illustrées de Propagande catholique

—

1893

PRÉFACE

Cette *Vie populaire de sainte Germaine Cousin* est divisée en trois parties : — la première raconte simplement, d'abord, les humbles et touchants évènements de sa rapide vie, puis, les faits glorieux composant sa vie posthume ; — la seconde présente un choix de ses miracles les plus intéressants ; — la troisième donne quelques détails historiques sur Pibrac, l'église de Pibrac et sur les reliques de la Sainte.

Le texte, tant soit peu complété, de la première partie a déjà été publié à part, et, orné des artistiques dessins de M. le vicomte R. du Faur de Pibrac, il forme une *Petite vie illustrée de sainte Germaine*, destinée à propager son culte, sa confrérie et l'œuvre importante de la reconstruction de son église de Pibrac. Le texte des autres parties a été rédigé exprès pour cette histoire.

Mais c'est un devoir de justice pour l'auteur de ce modeste travail de déclarer que, s'il a puisé ses documents dans les traditions locales, héritage de famille, et dans les *Actes* de la béatification et de la canonisation de la Sainte, il a cru devoir souvent en emprunter l'expression même à deux ouvrages plus spécialement autorisés : celui de Louis Veuillot et celui de l'abbé Salvan (1). Quant aux détails de la troisième partie, ils sont extraits en majeure part d'un mémoire très érudit et très documenté publié sur ce sujet, en

(1) *Vie de la Bienheureuse Germaine Cousin*, par Louis Veuillot, en 3 formats. Paris, Palmé. — *Histoire de la Bienheureuse Germaine de Pibrac*, par M. l'abbé Salvan, in-12, 2e édition. Toulouse, Delboy, 1854.

1882, par M. le comte A. du Faur de Pibrac (1).

*
* *

L'Église, dans l'oraison liturgique composée pour la Sainte, proclame qu'elle a excellé avec éclat dans l'humilité, la pureté, la charité et la patience. Mais, c'est encore pour sa dévotion miraculeuse envers l'Eucharistie et pour son culte insigne de la Vierge Marie, — deux points de mire directement visés par l'hérésie protestante, née de son temps, et aussi deux sources fécondes de ces belles vertus, — que la divine Providence semble l'avoir choisie et donnée comme modèle et nouvelle patronne aux chrétiens de tout sexe et de toute condition, et plus particulièrement encore aux travailleurs des champs, sans exclure ceux des villes.

(1) *Pibrac. Histoire de l'église, du village et du château* (extrait des Mémoires de l'Académie des sciences, inscriptions et belles-lettres de Toulouse) par A. du Faur, comte de Pibrac, etc., br. in-8. Toulouse, Edouard Privat, 1882.

Puissent donc son culte et son imitation se propager, s'étendre, de plus en plus partout, dans les familles, dans les paroisses, dans les écoles, même dans les couvents! Puissent sa confrérie, nombreux troupeau de ses clients choisis rassemblés sous sa houlette, grandir et prospérer toujours! Puissent enfin nos deux patries, l'Église et la France, être gardées par elle, et, au besoin, celle-ci défendue et sauvée par cette sainte et digne sœur de Geneviève et de Jeanne d'Arc!

Vie de Ste Germaine Cousin

PREMIÈRE PARTIE

I. — **Sa Patrie.**

Lorsque le chemin de fer qui vient de Toulouse débouche dans le vallon méridional que domine Pibrac, patrie de sainte Germaine, et qu'il arrive à l'endroit précis où le ruisseau dit le Courbet afflue dans le ruisseau appelé l'Aussonnelle, le voyageur a devant les yeux une vue du village qui ne manque ni de charme, ni de pittoresque.

Sur la cîme rétrécie d'un plateau subitement ébrêché (1), se dresse dans les airs la vieille

(1) C'est un site de ce genre que désignent exactement, en idiôme régional, les deux syllabes du mot *Pibrac: pi* ou *py*, pic, élévation, et *brac*, court, écourté.

Portrait de sainte Germaine.

église paroissiale, avec son clocher en éventail, son chœur hexagonal et ses deux chapelles latérales. C'est dans l'enceinte de ces murs bénis que sainte Germaine a été baptisée, qu'elle a fréquemment communié, qu'elle a reçu la sépulture et que son corps virginal repose au milieu des honneurs, des prières et des actions de grâces.

A droite et au chevet de l'église, sur les flancs escarpés du côteau qu'elle couronne, s'éparpillent les maisons simples, parfois pauvres, d'un village rustique. Au-dessous de l'église, pareil à un piédestal de la maison de Dieu, s'étale l'antique et féodal château des comtes de Pibrac. Le plus célèbre de ces seigneurs, Gui du Faur de Pibrac (1), grand magistrat, grand diplomate, grand orateur, excellent poète moral, l'a illustré et assez longuement habité. Dans l'intérieur du château, on peut voir encore le cabinet de travail orné de sculptures attribuées à Bachelier (2), où messire Gui du Faur de Pibrac aurait composé ses fameux *Quatrains moraux*.

C'est dans ce beau manoir que Catherine de Médicis (3), et plus tard Henri IV, vinrent le visiter en nombreuse et brillante compagnie.

(1) Troisième des fils de Pierre du Faur de Pibrac et de Causide Doux, né à Toulouse en 1528, mort à Paris en 1584.

(2) Célèbre architecte et sculpteur toulousain, élève de Michel-Ange, XVIe siècle.

(3) Se rendant, en 1578, aux conférences qui préparèrent la paix religieuse de Nérac.

A cette époque, les tours de la demeure comtale portaient avec fierté les élégantes flèches qu'on peut enfin leur revoir aujourd'hui; le parc et les jardins étaient beaucoup plus

étendus. Une longue allée de grands arbres conduisait au portail remarquable qui accède à l'ancien grand chemin de Toulouse par Colomiers-Lasplanes. Construit, d'après une tradition, avec une célérité absolument incroyable, ce beau monument est l'unique témoin du passage en ces lieux du Roi populaire entre tous.

Au fond de l'étroit vallon septentrional sur-

Vue de Pibrac, côté de l'arrivée du chemin de fer.

plombé par l'église, serpente le Courbet, si souvent traversé par sainte Germaine. Par-dessus les côteaux, au nord, la forêt sombre de Bouconne verdit et ferme l'horizon. Entre ces côteaux et la grande forêt, s'étend une plaine haute, sur laquelle, un peu vers l'ouest, se trouve la petite maison champêtre où sainte Germaine est née, a vécu et est morte.

II. — Ses Parents.

Ce fut en 1579 (1), que Dieu daigna donner cette enfant de bénédiction à son père, Laurent Cousin, appelé vulgairement Maître Laurent, en patois Mestré Laourens, et à sa mère, Marie Laroche. Ces deux jeunes époux, sans être riches, possédaient cependant la maison qu'ils habitaient, quelque champ de terre et un petit troupeau de brebis.

Restés bons catholiques, malgré les efforts du protestantisme, qui jamais à Pibrac ne fit alors la moindre conquête, ils donnèrent à leur fille, baptisée sans retard, le doux nom de Germaine. Ce nom était sans doute celui de quelqu'un de ses parents. Saint Germain, évêque d'Auxerre, n'est certes pas un inconnu pour les méridionaux. De tout temps, parmi

(1) L'année qui suivit la visite royale dont fut honoré le châtelain de Pibrac, et sous l'épiscopat de Mgr Paul de Foix, archevêque de Toulouse.

eux, nombre d'hommes ont porté ce nom vénéré.

La plus illustre cliente de saint Germain vivant avait été une sainte bergère, sainte Geneviève de Nanterre ou plutôt de Paris. Celle qui le devint alors par le nom du baptême devait, elle aussi, être un jour une sainte bergère, aujourd'hui non moins illustre, sainte Germaine Cousin ou plutôt de Pibrac.

III. — **Ses premières années.**

Aucun saint ne monte au ciel sans porter la croix, et sans gravir le Calvaire. Telle est la loi de toute sainteté. L'épreuve et la souffrance n'avaient pas épargné sainte Geneviève ; elles n'épargnèrent donc point sainte Germaine. Ainsi, du reste, dans les desseins divins, elle allait devenir un éclatant modèle d'admirable patience.

Elle naquit maladive, atteinte d'écrouelles et percluse d'un bras. Cette débile complexion et ces infirmités provenaient sans doute de la chétive santé de sa mère. Marie Laroche, toutefois, prodigua à sa fille les soins de sa tendresse, et si elle eût pu longtemps vivre, Germaine aurait abondamment trouvé dans les industries de cette bonne mère les allègements et les secours dont elle avait tant besoin.

Mais Dieu ne permit point qu'elle en jouit plus de cinq ans. Elle n'avait, en effet, que cet âge, la petite Germaine, quand elle eut le malheur de devenir orpheline. Désormais donc, pour elle, plus de tendresses maternelles, hélas ! et bientôt même plus de soins paternels ! L'orpheline et l'infirme est destinée à être aussi une sorte de martyre.

Bon chrétien et jeune encore, maître Laurent ne tarda pas à contracter un second mariage. Il aimait sincèrement sa Germaine, et il compta, sans doute, en prenant une compagne donner à sa fille une seconde mère. La femme qu'il choisit trompa cruellement cette belle espérance.

Une enfant douce et souffreteuse aurait dû inspirer à un cœur bon et pieux une compassion affectueuse et dévouée. Chez la seconde femme de maître Laurent, ce fut le sentiment contraire qui envahit son cœur et qui la domina. A peine fut-elle entrée dans sa nouvelle maison, qu'elle ne put supporter les prévenances enfantines et les paroles de Germaine. Elle la rebuta durement. La vue de ses infirmités la dégoûtait. Ses besoins l'irritaient. Elle en vint peu à peu à concevoir et à nourrir contre la pauvre enfant une aversion, une haine, une cruauté d'odieuse marâtre. Ces sentiments s'aggravaient chaque jour. Ils éclatèrent avec rage dès que la famille vint à s'augmenter de nouveaux enfants.

C'est alors que Germaine, déjà privée de mère, à peu près délaissée par son père insouciant, fut écartée du foyer paternel et s'en vit comme expulsée, sans espoir de jamais y rentrer. « Cette enfant, dût dire à son mari la marâtre méchante, cette enfant me fait peur

pour ses frères ! Ses maladies sont contagieuses ! Elle les communiquera à nos enfants ! Qu'elle se retire ! Qu'elle aille dans les champs et les bois, à la suite des brebis, dont elle aura la garde ! Par ce travail, d'ailleurs, elle pourra gagner honnêtement son pain. » Malgré ses répugnances, Laurent Cousin, honnête et bon, n'osa pas s'opposer à ces désirs impérieux. Il y consentit en silence. Le lendemain, de bonne

Sainte Germaine gardant son troupeau près de la maison.

heure, Germaine avait à commencer le genre de travail et de vie qu'elle ne quittera plus jusqu'au jour de sa mort. A cette date, l'enfant était à peine âgée de 7 à 8 ans. Dorénavant, la fille aînée, dans la maison de son père, ne sera plus traîtée que comme une domestique, une pauvre bergère, une servante à charge.

Quelles furent les souffrances quotidiennes de la nouvelle bergère, est chose plus facile à imaginer qu'à décrire. Rester exposée, sans relâche, aux chaleurs de l'été, aux froids de l'hiver, aux vents, à la pluie, à la neige, à toutes les intempéries des saisons; passer ses journées au grand air, tantôt au fond humide des vallées, tantôt au sommet brûlé des côteaux, loin des abris, loin de toute conversation humaine, en compagnie des seuls animaux, c'est la réalité peu poétique du dur métier de pâtre. Les santés robustes ont souvent quelque peine à y résister. Combien donc aura dû en souffrir une enfant jeune, de complexion chétive, paralysée d'un bras, dévorée par des plaies scrofuleuses?

Vêtue très pauvrement, insuffisamment même; ne portant ni chaussures, ni bas; n'ayant pour toute nourriture qu'un modique morceau de pain noir que lui jetait à regret sa marâtre; souffrant parfois la faim et la détresse, au point d'être contrainte, pour l'apaiser, de dévorer des fruits sauvages ou des racines amères; obligée, sous peine de coups et de cruels sévices, à rapporter chaque soir un gros fuseau de fil qui, on le sait, pour être bien tressé et bien enroulé, exige non seulement des bras et des mains libres, mais encore une abondante humectation des étoupes, deux choses presque impossibles à Germaine, — ce sont là de durs travaux et de dures souffrances. Et cependant de plus dures encore attendaient la bergère à son retour des champs.

Quand le soir, harassée de ses courses, épuisée par le travail, mourante de faim et de soif, elle ramenait son troupeau au bercail, elle n'avait droit de prendre aucune part aux joies de la famille. Si, même un seul instant, son pied s'était avancé sur le seuil du foyer paternel, les reproches et les coups pleuvaient sur l'audacieuse. « Maudite pestiférée, garde-toi d'approcher de personne ! Emporte en silence ta pauvre nourriture déposée dans un coin ! Si parfois on l'oublie ou si on la refuse, ne la réclame pas et souffre sans rien dire ! » Aussi, seule et abandonnée, l'enfant devait prendre son chétif repas du soir dans le bas de la maison ou dans l'étable des brebis, et de là gagner enfin le réduit obscur, à peine abrité, qu'on lui avait ménagé à côté de l'étable, sous un escalier de bois. En guise de couche, elle y trouvait une sorte de lit de sarments, sur lesquels, faiblement protégée contre l'humidité du sol, elle se jetait tout habillée, sans draps ni couvertures, moins pour y goûter le repos de la nuit que pour y éprouver de nouvelles souffrances.

Telle est la suite monotone des jours douloureux qui composèrent les douze ou quatorze dernières années de la vie de Germaine.

IV. — **Sa Patience.**

Sa patience fut toujours héroïque. Jamais une parole de murmure ne sortit de sa bouche ; jamais une plainte contre son père ou sa marâtre. Le visage serein, l'air affable, les manières honnêtes, elle savait rester douce et aimable envers tous. Obéissant au plus petit signe de sa seconde mère et n'ignorant pas que cet empressement ne lui attirerait que des paroles plus rudes et des coups plus nombreux, elle ne la fuyait pas, elle ne se détournait pas de ses cruels outrages, et quand elle était battue, elle ne poussait aucun cri. Par ce silence plein de mansuétude, la sainte enfant s'efforçait d'imiter son doux Jésus, l'Agneau sauveur du monde, de détacher son cœur des biens de la terre, de mériter les récompenses éternelles, de prouver son amour à Dieu qui l'aimait tant, d'expier courageusement enfin, malgré qu'elle eut toujours gardé son innocence baptismale, sinon ses péchés propres, du moins ceux du prochain.

Etonnés de tant de constance, de tant de calme et de tant de joie sereine, les gens qui la connaissaient la disaient insensible, idiote ou peut-être hypocrite. Tels sont souvent les jugements du monde en présence de la vertu.

Les esprits forts du village et les bergers voisins allaient encore plus loin : ils se moquaient d'elle, la montraient du doigt, l'injuriaient et l'appelaient bigote. Ne répondant

jamais, elle passait modeste et en baissant les yeux, s'écriant même dans son cœur comme saint Augustin : « Mon Dieu, si telle est votre volonté, augmentez mes épreuves, en augmentant ma patience ! »

Mais d'où provenaient donc dans une enfant si délaissée, si simple et si ignorante (elle n'a jamais su lire), non seulement sa haute vertu, mais encore cet ensemble de connaissances

Maison de sainte Germaine.

religieuses qu'une telle vertu suppose? L'histoire répond en indiquant, d'un côté, les soins de sa mère et de son curé, et, de l'autre, son esprit de prière, son admirable dévotion au Très Saint Sacrement, son culte pour Marie et ses aumônes héroïques.

V. — Son Instruction religieuse.

Marie Laroche, en mère vraiment chrétienne, avait pris un très grand soin d'enseigner à sa fille, bien que toute petite, la connaissance, le respect et l'amour de Dieu, de Jésus et de Marie. Maladive, décédée de bonne heure, par sa patience et sa résignation, elle lui avait montré d'exemple comment il faut souffrir pour son âme et pour son Dieu. Quelles grâces enfin n'attirèrent pas sur sa fille chérie les prières et les sacrifices de cette mère mourante! Germaine grava profondément dans son cœur et n'oublia jamais ces premières leçons et ces touchants exemples.

A cette fidèle paroissienne, le curé apparut toujours comme le maître de la sainte Vérité. Avide, dès son jeune âge, des instructions qu'il donnait aux jeunes enfants et à toute la paroisse, elle accourait de loin pour les attendre, franchissant chaque fois avec une joie nouvelle le chemin dit des Litanies qui la menait de ses champs à l'église. Si personne n'y fut

plus empressée, personne ne fut plus attentive, ne sut mieux s'en pénétrer et les mettre en pratique.

L'enseignement du catéchisme ne se donnait pas, de son temps, comme on le donne de nos jours; c'était le plus souvent dans les familles ou parfois dans quelques écoles, que les enfants devaient apprendre leurs prières, le symbole, les mystères et la morale. Le curé contrôlait cette instruction et cette formation religieuses, d'ordinaire il ne les donnait pas. Laurent Cousin et même la marâtre, malgré tous leurs oublis à l'égard de leur fille, n'étaient cependant pas assez mauvais chrétiens pour négliger envers elle des devoirs si importants. Les

Sainte Germaine au chemin des Litanies.

eussent-ils d'ailleurs négligés, Dieu, père des orphelins, y aurait par lui-même abondamment pourvu.

Il l'avait prévenue de ses grâces de choix. Disgraciée de corps, elle avait reçu, en compensation, un esprit excellent et une âme très bonne. A ces aimables prévenances, elle offrit toujours dans son cœur une énergique correspondance. Dieu ne se laisse point vaincre en générosité: d'un seul rayon de sa lumière il ouvre et remplit de clartés l'esprit des plus petits. Il éclaira donc à son aurore l'esprit de Germaine, et la petite bergère, devenue l'élève de Dieu, apprit à cette école toutes les vérités nécessaires à la pratique de ses grandes vertus.

VI. — **Son Esprit de Prière.**

L'Esprit-Saint, en même temps, s'emparait de son cœur, l'ornait de ses faveurs et le formait à la prière. Devenu de la sorte ce temple vivant dont parle l'Apôtre et le séjour aimé des divines personnes, ce cœur virginal exhala la prière comme un suave encens et répandit à flots au milieu de ce Temple l'adoration, la louange, l'action de grâces et la supplication.

Eclairée, enflammée, animée par le divin Esprit, Germaine priait donc, priait beaucoup, partout, avec une ardeur admirable. Dans ses nuits d'insomnie, sa couche de sarments se transformait en un autel d'où la prière montait vers le ciel. Le matin, de très bonne heure, avant de sortir de son triste réduit, Germaine à deux genoux avait longuement médité, prié, offert à Dieu son cœur et sa journée. En filant sa quenouille, en conduisant son troupeau,

elle pensait à Dieu et le priait sans cesse. Vivant en solitude, fuyant les compagnies, loin des bruits qui distraient, son âme pure et humble s'élevait d'un élan spontané vers son Dieu qui l'attirait et qu'elle cherchait. On dit que très souvent elle a été surprise à genoux, les mains jointes, en profonde contemplation, devant une pauvre croix de bois, qu'elle avait

Sainte Germaine priant près d'une croix.

façonnée elle-même et fixée sur le tronc d'un grand arbre. Au sortir de ces divins colloques, les champs, les fleurs, les moissons, les bois, le ciel, tout autour d'elle lui parlait du Bien-Aimé, tout l'enflammait pour Lui d'admiration, de gratitude et de générosité.

Inutile d'ajouter avec quelle dévotion étaient récitées toutes ses autres prières, avant et après les repas, au commencement et à la fin des actions principales, surtout celle du soir avant de prendre le repos de la nuit.

VII. — Sa Dévotion au T. S. Sacrement.

Le moyen souverain pour produire, conserver et accroître la ferveur dans les âmes, est, sans le moindre doute, le culte du Très Saint Sacrement, c'est-à-dire, l'assistance à la Messe, les visites au saint Tabernacle, et, par-dessus tout, la sainte Communion.

Un des caractères les plus saillants de la sainte vie de Germaine est manifestement sa merveilleuse dévotion à la divine Eucharistie sous ces trois formes consacrées.

Dès l'aurore de sa raison, l'Esprit-Saint avait préparé la virginale enfant à sa première communion. Cette œuvre capitale des jeunes vies chrétiennes se faisait, de son temps, à un âge assez tendre, individuellement, et sans nul apparât. Les parents ou les amis y préparaient l'enfant, le confesseur le soumettait à son examen, et, s'il le trouvait digne, il l'entendait en confession. L'enfant pouvait dès lors communier comme les autres personnes.

Quel jour le confesseur de semaine l'y aura-t-il admise et ses parents conduite? C'est ce qu'on ne peut savoir. Mais, en considérant la ferveur qui l'enflamma depuis pour le divin mystère on peut bien affirmer que ce jour a dû être pour elle un jour de grande fête, un véritable jour du ciel. A partir de ce moment, en effet, au seul aspect de l'église apparaissant à l'horizon, par dessus les côteaux du Courbet, un véhément désir s'emparait de son cœur : aller au Bien-Aimé, retrouver son Jésus vivant au tabernacle, assister tout émue au divin sacrifice, et enfin communier de nouveau !

Aussi, un jour peu éloigné de sa première communion, elle entend sonner la cloche qui annonçait la messe. Un instinct surnaturel la pousse et l'entraîne; elle range son troupeau autour de sa quenouille ou de sa houlette fixée en terre, elle en confie la garde à Dieu et aux saints Anges, et elle part, elle court vers Jésus qui l'appelle. Elle assiste à la messe, prie avec effusion et s'en retourne à la hâte auprès de son troupeau. Comme il était à son départ, tel il est à son retour ; les brebis ruminaient ; les agneaux sommeillaient ; aucun écart, aucun dégat ; le chien berger avait veillé, et les loups de Bouconne n'avaient point approché. Souvent ils ravageaient les troupeaux des voisins, jamais ils ne touchèrent à celui de Germaine. Ce que Dieu garde est bien gardé !

A partir de ce moment, Germaine assistera chaque jour à la messe. Au premier son de la cloche, le troupeau sera rangé et protégé de même, et l'on verra la bergère, le chapelet en main, traverser le vallon du Courbet, arriver à l'église, se signer pieusement, et là, à genoux, immobile, sans appui, se remplir du saint amour de Jésus et de l'esprit de sacrifice dont il donne à l'autel et l'exemple et la grâce.

Bientôt un autre désir plus intime envahira son âme, plus fort que sa timidité et que son humilité : le désir de communier, de compléter la grâce du sacrifice par la grâce du sacrement. Exposé avec simplicité, ce désir sera approuvé par son digne et saint directeur. Germaine, désormais, en entendant la messe, pourra donc communier fréquemment. Sa ferveur grandissante la poussera même bientôt à retourner encore le soir auprès du très Saint Sacrement.

La fréquentation de la messe, du tabernacle et de la sainte table n'étaient guère dans les mœurs chrétiennes du XVIe siècle. Les protestants, récemment apparus, niaient et blasphémaient ces pratiques eucharistiques, les mondains les raillaient et les fidèles les délaissaient. La communion fréquente, plus particulièrement, était d'un usage à peu près inconnu. C'est une grande gloire de la sainte bergère que Dieu lui ait donné comme une mission providentielle de confondre, par ses exemples héroïques si miraculeusement recommandés, tant de mauvais chrétiens de son temps et des temps à venir, blasphémateurs, railleurs ou

déserteurs du mystère eucharistique. A l'époque présente où la fréquente communion reprend quelque faveur parmi les fidèles des paroisses, parmi les écoliers chrétiens et même parmi les ouvriers, est-ce que la sainte

Troupeau de la Sainte gardé par la quenouille (page 25).

enfant, la fidèle paroissienne, l'humble bergère qui, à Pibrac, il y a trois cents ans, inaugurait cette admirable pratique, ne mériterait pas d'en être déclarée un des parfaits modèles et une des saintes patronnes ?

VIII. — **Son Culte pour Marie.**

Remplie de dévotion envers le Très Saint Sacrement, Germaine rendait le culte le plus tendre à Marie, mère de Jésus.

Aucun jour ne s'écoula qu'elle ne récitât, et souvent à genoux, son Rosaire en entier. Elle n'omettait point d'en suivre par l'esprit et le cœur les quinze grands mystères.

Trois fois dans la journée, pour dire l'*Angelus* à l'instant qu'il sonnait, elle s'agenouillait où qu'elle se trouvât, même dans le ruisseau et les endroits boueux, sans que ses vêtements, disent les traditions, en fussent mouillés ou salis.

Les fêtes de Marie réjouissaient son âme et redoublaient sa ferveur. Pour en mieux profiter, elle s'y préparait par plusieurs actes des vertus que préfère Marie. Ces jours-là, plus longtemps que les autres, elle se répandait en prières devant l'autel de sa chapelle. Nul doute que l'angélique pureté qui a brillé et resplendi dans la pieuse enfant, ne soit née d'un regard complaisant qu'aura jeté sur elle la Vierge Immaculée.

IX. — **Ses aumônes héroïques.**

L'amour envers le prochain est le frère inséparable de l'amour envers Jésus et Marie.

Germaine, qui excella dans la patience, au témoignage de l'Eglise, excella tout autant dans la vertu de charité. Elle si pauvre, si indigente, manquant du nécessaire, trouva dans l'héroïsme de son cœur les moyens de faire l'aumône. On n'a pas oublié de quoi se composait sa nourriture quotidienne : d'un pain noir à peine suffisant pour apaiser la faim. Eh bien ! la vue des mendiants lui inspi-

Sainte Germaine priant à l'autel de la Vierge.

rait une telle pitié qu'elle n'hésitait pas à leur donner tout ou partie de ce pain nécessaire, et à se condamner par suite aux tortures d'un jeûne absolu, n'oubliant pas d'ailleurs à quels reproches et à quels coups de tels dons l'exposaient de la part de sa marâtre soupçonneuse et avare.

Or, cette générosité incroyable, ce n'est pas une fois en passant ni à rares intervalles qu'elle l'a pratiquée, c'est souvent dans sa vie, c'est plusieurs jours de suite, une semaine entière, dit une tradition.

L'aumône corporelle, très précieuse aux yeux de Dieu, l'est moins assurément que l'aumône spirituelle. Toute impuissante qu'elle y semblât paraître, Germaine cependant trouva dans son zèle industrieux de quoi pratiquer aussi cette aumône par l'exemple, par la parole, et surtout par la prière.

L'exemple des vertus est une grande charité. La paroisse entière la recevait de la bonne Germaine, quand, à l'église, dans les rues du village et jusque dans les champs, elle voyait cette vaillante chrétienne pratiquer la religion et toutes les vertus avec une fidélité et un courage admirables.

Les jeunes gens, les jeunes filles la recevaient aussi, quand elle leur montrait sa piété, sa modestie, sa fuite du luxe, des mauvaises compagnies et des occasions dangereuses, et quand, s'armant d'un zèle qui bravait les injures, elle abordait certaines de ses compagnes trop légères, leur reprochant la vanité, l'imprudence, le manque de tenue.

Les petits enfants, dont elle fut le modèle par son obéissance, son travail, sa pureté et sa crainte de Dieu, la recevaient plus abondante que les autres, lorsqu'elle allait à eux, qu'elle les attirait par sa douceur et son amabilité, et que ces innocents, cédant à l'attrait de la grâce qui animait Germaine, accouraient à son appel, s'asseyaient au pied des arbres ou des croix, et là, attentifs et ravis, l'écoutaient leur parler du bon Dieu, de la sainte Vierge, de leur âme et du ciel. Elle leur enseignait les prières usuelles, les mystères de la foi, les actes des vertus, les lois de Dieu et de l'Eglise, notre culte et nos sacrements, bref, tout le catéchisme.

L'exercice de charité qui les surpasse tous est celui de la prière. Que de fois donc devant Dieu, dans l'effusion de son âme, les parents, les amis, les compatriotes de Germaine, tous les enfants de Dieu ont été l'objet de ses demandes, de ses supplications, de ses vives instances ! On ne saura que dans le ciel les innombrables et précieuses grâces que son zèle brûlant a obtenues pour tous !

X. — Miracles de sa vie.

Germaine grandissait en âge, et, comme Jésus de Nazareth, elle grandissait aussi en sagesse et en grâce devant Dieu et devant les hommes. Des témoignages miraculeux signalent ces saints accroissements, et, en particulier, canonisent, pour ainsi dire, sa dévotion envers l'Eucharistie et ses aumônes héroïques.

C'était déjà un vrai miracle de tous les jours que cette parfaite sûreté du troupeau restant seul, dans les champs, autour de la quenouille, pendant au moins deux heures, jusqu'à ce que la bergère retournât de la messe, le matin, et de la visite du Saint-Sacrement, le soir.

Le miracle appelé du Courbet, très souvent répété, avait encore plus d'éclat. Entre le plateau sur lequel Germaine gardait son troupeau et l'église du village, s'ouvre un vallon assez profond, au bas duquel coulent les rares eaux de ce ruisseau. Un chemin étroit, âpre et pierreux descend encore aujourd'hui du plateau et conduit à une sorte de large gué, en face duquel, à mi-côte opposée, est bâtie depuis peu la maisonnette d'un garde-voie du chemin de fer. C'est à ce gué que très probablement sainte Germaine traversait chaque jour le Courbet.

A sec, ou peu s'en faut, dans les temps ordinaires, ce gué, après de longues ou de violentes pluies, se couvre promptement ; un peu plus bas le ruisseau se resserre et s'obstrue ; bientôt les eaux grossissent et débordent au large : impossible de passer. Or, un jour que le ruisseau grondait, gonflé comme un grand fleuve, Germaine arrive au gué, se rendant à la messe. Des gens qui stationnaient, arrêtés sur la rive, avaient vu venir celle qu'ils aimaient à railler en l'appelant bigote. Ils jouissaient malignement d'avance de l'em-

barras où elle allait se trouver. Elle marchait, les yeux baissés, récitant son chapelet. Sans hésiter, sans s'arrêter, voilà que tout à coup elle entre dans les flots. O surprise ! ô miracle ! les eaux subitement s'ouvrent devant elle, se

Sainte Germaine passant le Courbet.

referment à sa suite, et la laissent passer, sans mouiller ni ses habits ni même ses pieds! A son retour de la messe, même spectacle, même prodige. Dorénavant, on pourra le voir se reproduire toutes les fois que les eaux couvriront le passage.

Mais un miracle qui vers la fin de sa vie rendit la sainte tout à fait populaire, ce fut celui des fleurs à l'honneur de ses admirables aumônes. On sait que, pour les faire, elle n'hésitait pas à se priver de son modique pain. Pour les rendre plus abondantes, elle avait soin de recueillir dans la maison les fragments de pain encore présentables que les enfants avaient perdus ou abandonnés. Sa marâtre, s'en étant aperçue, et prenant pour un vol cette industrie de Germaine, voulut la surprendre et la punir. Un jour donc, qu'en emmenant son troupeau, la charitable enfant emportait pour ses pauvres quelques glanes de ce pain serrées dans son tablier, la marâtre, qui l'avait constaté, entra dans une violente colère. Sortant de la maison, un bâton à la main, elle court vers la bergère, et, dès qu'elle l'a rejointe, l'accable d'atroces injures, la traite de voleuse et s'apprête à la frapper. L'humble jeune fille, toute confuse, courbait la tête et ne répondait pas. Des voisins et des pauvres avaient vu passer la mégère irritée et armée, et ils l'avaient suivie, craignant avec raison pour l'innocente Germaine. Afin de la confondre devant eux de ses prétendus larcins, la marâtre tente de saisir le tablier gonflé où se cachait le pain, ordonnant à Germaine de l'ouvrir largement. O merveille! le pain avait disparu; de belles fleurs odorantes et fraîches tombaient du tablier! Et l'on était en plein hiver.

Une reine, sainte Elizabeth de Hongrie, un grand docteur, saint Thomas d'Aquin, avaient vu, plus de trois siècles avant, leur charité divinement trahie par un pareil miracle.

XI. — **Sa Mort.**

Le bruit d'un tel évènement se répandit rapidement partout. La marâtre en resta

Miracle des fleurs.

confondue. Laurent Cousin, honteux de son passé de faiblesse, prit enfin la défense de sa sainte fille, et voulut qu'elle eût sa place au foyer et à la table de famille, à côté de ses autres enfants. Mais l'admirable Germaine, éprise de ses croix, en remerciant son père, lui demanda comme une grâce de garder son réduit, son lit de sarments, son pain noir et ses fatigues. Cependant, lorsqu'elle reparut dans le village, chacun la regarda avec vénération ; personne n'osa plus l'appeler la « bigote ; » tous la nommèrent dorénavant « la sainte. »

Ces respects et cette estime pesaient à l'humble cœur de la timide vierge. Pour les fuir et éviter toute atteinte d'orgueil, Germaine s'absorba plus encore dans le recueillement, dans la prière, dans les fréquentations de Jésus à l'autel. Elle se préparait ainsi à terminer bientôt sa vie crucifiée et cachée en Jésus-Christ, par une mort obscure, sans nul secours humain, et seule avec son Dieu.

Ce fut l'été de l'année 1601, à l'âge de vingt-deux ans, qu'elle fut trouvée morte, un matin, sous l'escalier et sur le tas de sarments qui lui servait de couche. Personne de la maison ne soupçonnait encore cette mort, cependant il était déjà grand jour ; à cette heure, chaque matin, les brebis étaient sorties. En les entendant bêler, Laurent Cousin conçoit des inquiétudes ; il envoit un de ses jeunes enfants voir ce qui avait pu retenir

Germaine. Le frère appelle sa sœur ; elle ne lui répond pas. Il regarde sous escalier, et il l'aperçoit modestement couchée sur ses sarments, les traits empreints d'un air céleste. Elle avait cessé de souffrir.

La nuit même de sa mort, Dieu manifesta

à diverses personnes la gloire de cette âme virginale. Un prêtre du diocèse d'Auch arrivait près de Pibrac, se rendant à Toulouse. Tout à coup dans les airs, il voit une glorieuse procession qui descend vers une ferme, et qui, bientôt après, remonte vers le ciel, conduisant une âme de plus. Le lendemain, revenu de Toulouse, il apprend que c'est

Mort de sainte Germaine sous l'escalier.

Germaine, « la sainte », qui était morte, à l'heure de sa vision nocturne.

Deux religieux qui cheminaient tardivement, par cette nuit d'été, s'étaient réfugiés, en attendant le jour, dans les ruines d'un castel (1). A leur tour, s'éveillant tout à coup, ils admirent dans le ciel un certain nombre d'angéliques vierges, toutes vêtues de blanc, qui, de l'église, volent vers le plateau et la ferme de Germaine. Bientôt, ils les revoient qui entourent une autre vierge, vêtue comme elles toute en blanc, mais couronnée de fleurs nouvelles. Entrés de bon matin dans le village, il apprennent la mort de la sainte bergère. Aucun doute n'est plus possible : c'était bien là cette vierge couronnée qu'emmenait la troupe céleste.

D'autres personnes encore l'aperçurent, la même nuit, monter au ciel accompagnée d'un chœur de douze vierges.

Dès que sa mort fut connue dans Pibrac, une foule nombreuse courut à ses obsèques. Chacun voulant la voir une dernière fois et se recommander à ses saintes prières. Décemment enveloppée, pieusement enguirlandée d'épis de seigle et de bleuets rustiques, sa chaste et sainte dépouille fut portée de la ferme à l'église, à travers ces chemins qu'elle avait si souvent parcourus, le long desquels

(1) Celui, sans doute, qui s'élevait alors à mi-côteau dans le bois dit de la Barthe, presqu'en face du gué désigné ci-dessus.

aujourd'hui la paroisse entière venait lui faire un triomphant cortège. Sa tombe dans l'église, avait été creusée au pied de la chaire ; c'est là qu'elle fut religieusement déposée, sans aucune inscription ni marque distinctive.

XII.

Son exhumation. Miracles qui suivent.

Humble et cachée pendant sa vie, Germaine le fut longtemps encore après sa mort. Mais le Seigneur, qui, dans le ciel, exalte toujours les humbles et fait briller les mérites obscurs, daigne aussi quelquefois le faire sur la terre en faveur de ces saints qu'il constitue nos protecteurs et nos modèles. Quarante-trois ans s'étaient écoulés, lorsqu'une de ses parentes (1) sur le point d'expirer, demanda à être ensevelie à côté de la sainte Bergère. Les fossoyeurs (2) avaient à peine levé le premier carreau et donné un coup de pioche, qu'ils s'arrêtent effrayés de trouver un cadavre. Quelques personnes présentes dans l'église s'approchent et constatent que ce

(1) Elle s'appelait Endoualle.

(2) Gaillard Barous et le carillonneur Nicolas Cassé. Parmi les personnes présentes étaient Françoise Pérès, qui plus tard témoignera juridiquement de toutes ces circonstances.

corps est à fleur de terre; de plus, l'endroit du visage touché par la pioche offre l'aspect de la chair vive.

Au bruit de cet étrange évènement, tout le village accourt. Alors, en présence d'une grande foule, on relève le cercueil. On examine le corps. Il est trouvé entier et préservé de corruption. Les membres sont attachés les uns aux autres par leurs jointures naturelles, et couverts de l'épiderme. La chair paraît sensiblement molle en plusieurs parties. Les ongles des pieds et des mains sont parfaitement adhérents. La langue même et les oreilles desséchées seulement, sont conservées comme le reste. Les linges et le suaire qui revêtent ces membres vénérables ont, il est vrai, pris la couleur de la terre; mais ils ne sont pas plus atteints que le corps lui-même. Les mains tenaient un petit cierge et une guirlande d'épis et de bleuets; les fleurs n'étaient que légèrement fanées; les épis n'avaient rien perdu de leur couleur; ils contenaient encore leurs grains, frais comme au temps de la moisson. A l'une des mains se remarquait une difformité; le cou portait des cicatrices.

A ces signes, tous les anciens de la paroisse publient que c'est là le corps de Germaine Cousin, morte depuis quarante-trois ans, qu'ils avaient eux-mêmes connue, et dont ils avaient vu les funérailles.

Cette relique si merveilleusement retrouvée fut exposée en vue de tous, debout près de la chaire de l'église.

Mais peu de temps après, dame Marie de Beauregard (1) dont le banc était à côté du corps, éprouvant envers lui quelque sentiment de répulsion, ordonna qu'on l'éloignât.

Elle fut bientôt affligée d'un ulcère au sein, et son enfant unique qu'elle nourrissait, tomba malade à la dernière extrémité. Les médecins de Toulouse ne purent soulager ni

(1) Demoiselle de Clément Gras, épouse de noble François de Beauregard.

Le château de Beauregard est au sud de Pibrac, non loin de la grand'route actuelle de Toulouse à Auch.

Enterrement de sainte Germaine.

l'enfant ni la mère. Son mari alors lui rappela le mépris qu'elle avait montré pour le corps de Germaine, et lui dit que peut-être Dieu offensé de cela avait voulu la punir par ces cruelles souffrances. A ces paroles, la dame de Beauregard, rentrant en elle-même, s'agenouilla humblement et demanda pardon. Le pardon ne se fit pas attendre.

Durant la nuit suivante, la malade, s'éveillant tout à coup, voit dans sa chambre une grande clarté et croit même reconnaître sainte Germaine, qui l'assure de sa guérison et de celle de son enfant. Pleine de joie, elle appelle ses domestiques et leur dit ce qui vient de se passer. Jetant ensuite les yeux sur sa plaie, elle la trouve déjà presqu'entièrement fermée. Elle se fait apporter aussitôt son fils, et l'enfant parfaitement guéri suce le lait qu'il refusait depuis plusieurs jours. Dès le lendemain, la dame de Beauregard se rend à l'église, où elle répare publiquement l'outrage qu'elle avait fait aux restes de la sainte bergère. Pénétrée en même temps de reconnaissance, elle offre une caisse de plomb pour recevoir ce corps saint. Le curé et les plus notables paroissiens y enferment eux-mêmes le dépôt vénérable, et il est porté dans la sacristie.

XIII.

Miracles incessants. Enquêtes canoniques

C'est là que commence cette série non interrompue de bienfaisantes merveilles que

Dieu s'est plu à opérer jusqu'à nos jours, pour la gloire de son humble et charitable servante.

Pas de jour, en effet, qui depuis lors, ne soit marqué par quelque guérison miraculeuse.

Le nombre en devient bientôt si grand que,

Miracle de Beauregard.

dix-sept ans plus tard, en 1661, Mgr de Marca, archevêque de Toulouse, envoie son grand-vicaire, Jean Dufour, archidiacre de Saint-Etienne, procéder sur ces faits prodigieux à une enquête rigoureuse. Le corps est reconnu entier, sans corruption, toujours flexible. Des guérisons de toute sorte, inscrites sur un registre, signées et notariées, sont constatées miraculeuses.

Parmi ces maladies, les actes du procès désignent les suivantes : « Scrofules, paralysies, ulcères, fièvres, entérites, ophtalmies, cécités, fluxons, tumeurs, hydropisies, épilepsies, etc. » Les personnes guéries sont des enfants, des personnes âgées, des prêtres, des pauvres, des riches, des habitants du pays et des endroits éloignés.

Pendant près d'un demi-siècle encore, le bon cœur de Germaine continue à répandre ces étonnantes faveurs. Dieu veut évidemment sa glorification.

Aussi, en 1700, Mgr de Colbert, archevêque de Toulouse, désireux de présenter régulièrement la cause de la thaumaturge au Souverain Pontife, ordonne au P. Morel, de l'Oratoire, curé de la Dalbade, son vicaire-général, d'instituer en forme le procès canonique appelé « de l'Ordinaire ».

Le P. Morel se rend à Pibrac et constate authentiquement l'identité de la conservation non naturelle des reliques de la sainte. Ensuite, parmi les très nombreux miracles précédemment inscrits ou récemment opérés, il en distingue quatre qu'il entoure de fortes preuves, et, de retour à Toulouse, il confie à un Religieux Minime prêt à partir pour Rome, les volumineuses pièces de ce procès.

Mais arrivé dans la ville Eternelle, le Religieux ne fait aucunement avancer cette affaire. Peu de temps après, sur l'ordre de ses Supérieurs, il part pour les missions du Levant laissant dans son couvent ce précieux dossier, sans donner sur ce sujet la moindre indication ni la plus légère recommandation. Ce n'est guère qu'en 1739, environ trente ans après, qu'impatient d'un si long silence, « le comte de Pibrac, acquiesçant aux désirs de ses nombreux vassaux, et portant à la cause de Germaine le même intérêt que ses illustres ancêtres (1), s'adressa au Procureur général des Capucins de Rome, pour savoir de lui ce qu'étaient devenus le religieux ci-dessus et le

(1) Gui du Faur de Pibrac (1528-1584) n'a peut-être jamais connu la pauvre bergère qui par ses humbles vertus a illustré le nom de Pibrac encore plus que lui par ses hauts mérites personnels ; mais à la découverte des restes de sainte Germaine, en 1644, « son petit-fils, Guy de Pibrac, alors juge-mage à Toulouse, fut prévenu l'un des premiers de cet heureux évènement et il vint à Pibrac pour en constater l'importance. Ses descendants, Jérôme du Faur de Pibrac et l'abbé de Pibrac, s'occupèrent activement de la canonisation de la sainte. » Cf., PIBRAC, *Histoire...* par M. le comte A. du Faur de Pibrac, déjà cité, p. 20, et *Histoire de la Bienheureuse Germaine*, par l'abbé Salvan, dédiée à la mémoire de Guy du Faur de Pibrac, édit. de 1854, p. 126 et 133.

Le lecteur aura bien remarqué au surplus, que les artis-

dépôt qu'on lui avait confié (1). » On vient de lire ce qu'il fallut répondre à cette lettre.

En 1757, un curé de Pibrac, l'abbé Galibert, plein de zèle pour le culte de la sainte, fit encore directement à Rome des démarches pressantes ; elles n'eurent d'autre résultat que de faire constater que le dossier n'avait pas encore été remis à la Sacrée Congrégation des Rites, et qu'en tout cas, l'affaire ne pourrait réussir qu'en lui consacrant beaucoup de temps et beaucoup d'argent. On renonça dès lors à toute autre tentative en cour de Rome.

Cependant, en 1764, l'abbé Francès (2), plus modeste dans son zèle, publia une vie de sainte Germaine, la première qui eût été imprimée, dans laquelle il s'attacha à consigner le résumé des traditions déjà plus que séculaires, les données fournies par d'anciens mémoires restés manuscrits et celles surtout qu'avaient juridiquement attestées les deux procès épiscopaux de 1661 et de 1700.

Malgré l'abandon momentané de sa cause et malgré le déclin de la foi dans le XVIIe siècle,

tiques illustrations du présent travail sont dues, en majeure part, à l'habile crayon d'un des membres vivants de cette noble famille, toujours zélée pour l'honneur de la sainte Bergère, M. le vicomte R. du Faur de Pibrac.

(1) *Histoire de la Bienheureuse Germaine*, par l'abbé Salvan, édit. 1854, p. 126.

(2) Originaire de Cornebarrieu, près Pibrac, alors curé d'Auriac, où son zèle et ses générosités créèrent trois maisons d'instruction et d'éducation chrétiennes.

sainte Germaine était toujours invoquée et toujours visitée à Pibrac; des miracles nombreux répondaient à ce culte et montraient à la fois sa puissance céleste et sa charité pour son peuple, soutenant de la sorte les âmes en guérissant les corps. Comme les curés de Pibrac ne tenaient plus, paraît-il, comme jadis, les registres des miracles qu'elle opérait toujours, l'abbé Jérôme de Pibrac, auditeur de Rote, écrivait de Rome, vers 1783, au curé d'alors pour se plaindre vivement d'une telle négligence.

XIV. — **Profanation et recouvrement de ses reliques** (1793-1795).

Aux jours terribles de 1793, l'impiété dé-

Vision des deux moines pèlerins (page 38).

vastatrice n'oublia pas la pauvre et sainte bergère de Pibrac. Un envoyé du district de Toulouse arrive dans la localité avec ordre d'anéantir le *cadavre* de la sainte. Quatre hommes du village sont requis pour exécuter ces ordres. L'un d'eux, saisi d'horreur se sauve ; les autres ont la faiblesse de consentir à cette infâmie et à cette ingratitude. Après avoir retiré le corps de la caisse en plomb, qui fut confisquée pour faire des balles, ils l'enfouissent dans la sacristie même et jettent dessus en abondance de l'eau et de la chaux vive, afin d'en assurer la prompte et complète dissolution.

Un rude châtiment frappe bientôt ces misérables : l'un est paralysé d'un bras, l'autre devient difforme, son cou se raidit et lui tourne hideusement la tête vers l'une des épaules ; le troisième est atteint d'un mal aux reins qui le plie en deux, l'obligeant à marcher le corps entièrement courbé vers la terre.

Ce dernier portera son infirmité jusqu'au tombeau. Les deux autres, plus de vingt ans plus tard, recourront humblement à la clémente vierge, et obtiendront leur guérison, après leur conversion.

Dès que les temps sont devenus meilleurs, en 1795, l'on s'empresse d'ouvrir la fosse. Que pouvait-il rester depuis deux ans des dépouilles de Germaine jetées sous la chaux vive dans ce terrain humide? Et pourtant, quand on eut enlevé cette terre qui les couvrait et dégagé le corps de ce qui en empêchait la vue, on le retrouve en entier, articulé, bien conservé. Seules, la peau est noircie et les chairs dévorées par la chaux. Des fleurs, plusieurs autres objets enfouis avec la relique sont intacts. Le suaire de soie qui entoure la tête, intact de même, porte seulement quelques traces de sang. A la vue de ce sang, la joie respectueuse se mêle d'émotion. On recueille tous ces restes précieux avec le plus grand soin. On les enveloppe dans un nouveau suaire, et « la sainte » reprend sa place dans la sacristie, au même endroit que les fidèles de Pibrac et les pèlerins du dehors connaissent depuis si longtemps.

Un autre malheur de ces temps voulut que le curé de Pibrac fût un prêtre assermenté (1), c'est-à-dire schismatique. Les catholiques (2) reçurent donc défense d'entrer dans l'église et dans la sacristie, même pour y prier sainte Germaine. Ils obéirent fidèlement, et, sans se rebuter, ils persévérèrent à la prier de dehors,

(1) Il s'appelait Montastruc ; le maire de ce temps se nommait Jean Cabriforce.

(2) Ils étaient gouvernés, à cette époque périlleuse, par M. l'abbé du Bourg, vicaire apostolique du diocèse de Toulouse et de onze autres diocèses voisins, orphelins de leurs évêques tués, emprisonnés ou exilés par la Révolution. Après la Révolution, il mourut saintement évêque de Limoges. La fondatrice des Sœurs dites du Saint-Sauveur, de la Souterraine, Mlle Joséphine du Bourg, était la sœur de ce digne évêque.

dans le cimetière, en face de l'endroit où étaient ses reliques. En retour de cette fidélité et de cette confiance inébranlables, Germaine continua dans ces années douloureuses à leur obtenir du ciel ses précieuses grâces.

Le schisme enfin disparut. Il fut désormais possible de s'approcher de la sainte, de contempler de nouveau ses traits toujours reconnaissables, et de lui demander avec confiance ses miracles accoutumés.

XV. — **Sa part dans la délivrance de Pie VII** (1813) **et de Pie IX** (1849).

Parmi ces miracles, il en est deux d'intérêt catholique, que même ici, dans ces pages restreintes, il importe de noter à l'honneur de la sainte et de la ville de Toulouse.

Le premier s'opéra en 1813, alors que le Souverain Pontife Pie VII gémissait dans la captivité où le tenait Napoléon Ier. Une fervente congrégation d'hommes de Toulouse, l'élite des bons chrétiens, formait alors la confrérie dite de la Sainte-Épine, fondée par le vaillant et pieux abbé Garrigou. Amèrement affligée de voir se prolonger les malheurs du Saint-Père et confiante au crédit de sainte Germaine, la zélée confrérie se rendit à Pibrac et s'engagea par un vœu public à y retourner chaque année, en grand pèlerinage, si dans un temps fixé le Pape était délivré. La douce et puissante Bergère reçut et entendit des prières si catholiques ; elle intercéda auprès de Jésus bon Pasteur pour le Pasteur visible des agneaux et des brebis de la terre. Pie VII fut mis en liberté avant le jour marqué. En retournant en Italie, désireux de s'arrêter à Toulouse où il eût été acclamé, il ne put que longer ses remparts et précipiter sa course vers la Ville éternelle.

Depuis cette année déjà lointaine, le jour de la Saint Pierre ou le dimanche suivant, on peut contempler à Pibrac le spectacle admirable de plusieurs centaines d'hommes, pèlerins de ce jour, tenant avec fierté, dans la ferveur et la gratitude chrétiennes, le vœu si catholique émis par leurs aînés.

Pour la Saint Pierre de 1849, l'affluence fut plus considérable que jamais. Pie IX était, lui aussi, exilé de sa ville de Rome et l'armée française assiégeait cette capitale envahie et tyrannisée par d'odieux impies. La France, fille aînée de l'Église, avait tiré l'épée : elle entendait que le Pape remontât sur son trône légitime. Or, la nuit qui suivit le pèlerinage de la confrérie à Pibrac, l'assaut était enfin donné et Rome était reprise.

XVI. — Sa Béatification.

Depuis 1813, la dévotion à sainte Germaine avait toujours grandi. L'ancienne sacristie où reposait son corps était devenue trop étroite pour l'affluence croissante des pèlerins. On se vit donc obligé, en 1820, d'en construire une plus grande, au nord de la nef de l'église, et les reliques de la sainte y furent transportées.

Mais l'humidité de ce nouveau local força, en 1831, de les placer dans la chapelle du midi. Toutefois, c'était dans l'intérieur de l'église, et, par suite, contraire aux décrets pontificaux. Aussi dès qu'on s'aperçut de cette irrégularité, on s'empressa de construire, à l'entrée de l'église, près de la porte, à droite, une chapelle séparée où on l'a vénérée jusqu'à la béatification.

En 1843, voulant enfin procurer ce grand triomphe à la bergère de Pibrac, Mgr d'Astros, archevêque de Toulouse, céda aux prières qui lui en furent faites et ordonna de recommencer le procès et les enquêtes préalables.

Trois prêtres vénérables du diocèse de Toulouse ont attaché leur nom à cette grande affaire : l'abbé ou le Père Barthier qui fut nommé postulateur, l'abbé Estrade qui fut son délégué et plus tard son remplaçant, enfin l'abbé J.-P.-Gabriel Montagne, mort Père du Calvaire, ou Prêtre du Sacré-Cœur. Tout ici nous oblige à rendre un particulier hommage à ce dernier. Le triomphe de sainte Germaine, la prospérité de son pèlerinage, de la paroisse et même de la commune sont dus en grande part au zèle, à la piété et au dévouement qu'il a déployés pendant les quarante-trois ans (1835-1878) de son ministère à Pibrac.

Grégoire XVI, le 23 mai 1845, deux jours avant sa mort, avait signé le décret déclarant vénérable la sainte jeune fille dont la patience l'avait tant frappé. Pie IX, le grand Pontife, qui avait hérité de la dévotion de son prédécesseur pour la *pia pastorella*, la pieuse bergerette, comme il aimait à l'appeler, hâtait de tout son pouvoir le succès de la cause, menée d'ailleurs très promptement. Malgré tous les malheurs de la révolution romaine, le décret de béatification de la « vénérable Germaine » était signé huit ans après, le 24 juin 1853, par le Souverain Pontife, rétabli par l'armée française sur son trône de Rome. L'année suivante, le 24 mars 1854, la basilique de Saint-Pierre voyait les grandes fêtes de la béatification.

Toulouse, alors sous la houlette de Mgr Mioland, les célébra avec une splendeur et un enthousiasme indescriptibles, les 12, 13 et 14 juillet suivants. Pibrac, les 25, 26 et 27 juillet 1854, surpassa encore Toulouse par sa piété et son enthousiasme. Il eut l'honneur d'entendre alors de l'évêque de Poitiers, plus tard cardinal Pie, une homélie incomparable.

XVII. — **Sa Canonisation.**

La gloire grandissante de Germaine augmenta, s'il se peut, les effusions de sa bonté. Des grâces sans nombre et d'éclatants miracles étaient la réponse de la nouvelle Bienheureuse aux vœux et aux prières qui redoublaient à son tombeau, ou même à son seul nom.

On dut donc se hâter de prier le Saint-Père Pie IX d'achever son ouvrage et de la canoniser. Le nouvel archevêque de Toulouse, Mgr Desprez, s'empressa, dès son arrivée(1),

(1) Le 26 septembre 1859. Précédemment, évêque de Saint-Denis (île de la Réunion) de 1851 à 1857, ensuite,

d'appuyer et d'activer les démarches nécessaires à ce grand dessein. Bien que conduit très rapidement, le procès dura jusqu'en 1867.

Le 29 juin de cette mémorable année était le dix-huitième centenaire du martyre de saint Pierre et de saint Paul. Ce fut ce jour-là que le successeur du Prince des Apôtres, entouré de plus de cinq cents patriarches, archevêques et évêques, en présence de plus de cent mille pèlerins, prêtres ou laïques, accourus des quatre parties du monde, inscrivit solennellement au catalogue des saints Germaine Cousin, vierge et bergère de Pibrac.

A Toulouse, le mois suivant, 28, 29 et 30 juillet, les fêtes dépassèrent tout ce que l'imagination pourrait rêver. Les lecteurs des récits qu'en ont publié les grandes histoires de la sainte refuseront d'y croire, les trouvant exagérés ; les témoins oculaires qui les reli-

évêque de Limoges de 1857 à 1859. Depuis, le 12 mai 1879, créé cardinal du titre des SS. Pierre et Marcellin, par le Pape Léon XIII.

Le cardinal Desprez, archevêque de Toulouse.

sent aujourd'hui, tout en constatant leur parfaite exactitude, les trouvent cependant bien affaiblis.

Pendant toute l'année suivante, chaque paroisse du diocèse célébra tour à tour la canonisation de sainte Germaine.

Pibrac, l'heureuse paroisse, eut l'honneur de clôturer cette série de fêtes triomphales en prodiguant à « sa sainte » des gloires dignes d'elle. Les 28, 29 et 30 juillet 1867 attirèrent à « sainte Germaine », comme s'exprime le peuple, des foules si nombreuses et si variées, provoquèrent des actes si merveilleux de piété, de joie religieuse et de sainte fierté, que toute description, si elle était possible, devrait paraître invraisemblable.

XVIII.

Les six miracles approuvés à Rome.

Depuis la découverte de ses reliques jusqu'à nos jours, pendant bientôt trois siècles, sainte Germaine n'a pas discontinué la série de ses miracles. Pas une famille, autour d'elle et dans les environs, qui n'ait à la bénir de quelque grâce insigne. Celui qui a l'honneur d'écrire ces lignes peut affirmer, en toute certitude, qu'à peine âgé de seize mois, il a été ressuscité par le simple contact de petits linges d'enfants passés, comme l'on dit, sur le corps de sa sainte compatriote. Son père lui a bien des fois raconté qu'il avait vu de ses yeux un enfant aveugle-né guérir subitement en sa présence. Il a vu à son tour s'opérer devant lui le miracle suivant : une dame espagnole absolument paralytique se levant tout à coup après la communion, marchant avec aisance et s'en retournant parfaitement guérie.

Les miracles présentés pour la béatification et pour la canonisation ne sont donc ni les seuls, ni même les plus remarquables. Si on les a choisis entre tant d'autres, c'est pour respecter la règle de rigueur en ces graves affaires, qui défend d'admettre à l'examen officiel ceux dont il n'existe plus de témoins immédiats.

Parmi les six admis et approuvés à Rome, voici d'abord les trois qui ont paru les plus notables; les trois autres sont racontés ensuite.

Bourges possède une maison religieuse dite du Bon-Pasteur, où sont recueillies des jeunes filles qui se sont déjà perdues et d'autres qui sont en grand danger de se perdre. Vers la fin de 1845, 116 personnes vivaient dans cette maison : 17 religieuses, 59 pénitentes et 40 jeunes filles, dont la plus âgée n'avait pas plus de dix-sept ans. Ce nombre croissant toujours et les ressources diminuant, la maison se trouva bientôt dans la plus grande détresse. Dans cet état de peine, la Mère

Supérieure, Marie du Sacré-Cœur, se sentit poussée à mettre toute sa confiance en la pieuse Germaine Cousin, dont elle avait entendu raconter les merveilles. Elle fit commencer une neuvaine de prières par toutes les personnes de sa maison, et, chaque jour, elle fit lire en public quelques passages de la vie de la vénérable bergère. De nombreuses médailles de la céleste protectrice furent distribuées, et la ferveur redoubla la confiance. Un jour, les sœurs converses préparaient un peu de pâte pour faire le pain, quand elles s'aperçurent qu'elle s'était multipliée entre leurs mains, à tel point qu'avec une assez modique quantité de farine elles purent avoir 375 livres de pain miraculeux. Deux autres multiplications de pâte ont eu lieu depuis, la dernière dans le temps même que l'on poursuivait le procès apostolique.

Après la pâte, ce fut la farine qui fut multipliée, dans la même maison, en décembre suivant. « Je m'aperçus, dit une religieuse, « quatre ou cinq fois dans le mois de décem- « bre, que la farine se multipliait et ne dimi- « nuait jamais. Je ne puis fixer précisément « le jour où elle a commencé d'augmenter, « mais je suis sûre que c'était au mois de « décembre. » « La sœur tourière qui était « spécialement chargée de la farine, ajoute « une autre religieuse, m'a dit plusieurs fois, « dans les derniers jours de décembre 1845, « qu'elle prenait tous les jours de la farine,

« et que jamais elle ne diminuait. Moi-même, « par deux fois différentes et dans le même « mois, ayant pris avec la sœur tourière une « quinzaine de corbeilles de farine pour en « faire du pain, « j'ai remarqué « que le tas d'où « nous l'avions « tirée était aus- « si considérable « qu'avant. »

En constatant cet éclatant prodige, les religieuses furent saisies d'une vive émotion : la Supérieure les conduisit auprès de la farine, afin qu'elles vissent de leurs yeux sa miraculeuse multiplication. Toutes se prosternèrent, et retenant avec peine leurs larmes, elles baisèrent la terre, prièrent les bras en croix et rendirent mille actions de grâces à Dieu et à sainte Germaine.

Une petite enfant, nommée Jacqueline Catala, de Toulouse, fut atteinte à l'âge de dix-

Le miracle des pains.

huit mois, d'une maladie tellement grave qu'en peu de jours elle fut réduite à toute extrémité. Dans cet état, la cheville du pied et le genou s'enflèrent extraordinairement. Pendant quatre ans et demi, sa pauvre mère épuisa tous les remèdes humains. Ce fut en vain. Elle résolut alors d'avoir recours à la protection de sainte Germaine. C'était en 1828 et voici les faits attestés au procès et racontés par elle-même.

« J'arrivai à Pibrac un dimanche ; M. le Curé prêchait. Je pris place sur un banc avec mes enfants, Jacqueline entre son frère et moi, et nous la gardions tous deux. Je suivais la messe. Lorsqu'on sonna pour le *Sanctus*, Jacqueline poussa un cri, et j'entendis moi-même un craquement qui me sembla venir de ses os. J'étais dans un état difficile à exprimer. Il me vint à l'esprit que ma fille était guérie ; cette pensée venait me distraire sans cesse dans mes prières. Au moment d'aller communier, je recommandai à son aîné de surveiller sa sœur : à cause des regards des assistants, il m'avait répugné d'attacher cette pauvre petite à la chaise, comme je faisais d'ordinaire. J'arrivai à la sainte Table. Quand j'y fus agenouillée, voilà que Jacqueline se retire des mains de son frère et vient s'agenouiller à côté de moi, sans que personne la soutienne, sans que personne la guide ! Mon émotion redoubla et je ne puis dire ce qui se passa en moi quand je vis cette innocente, imitant ce qu'elle me voyait faire, prendre la nappe comme pour communier. De la main, je fis signe à M. le Curé qu'elle ne devait point communier, et je revins à ma place. Elle me suivit. Elle s'assit ; elle resta assise sans avoir besoin d'être soutenue. Ses pieds avaient repris leur position naturelle. Elle était toute joyeuse. A la bénédiction du prêtre, voyant tout le monde se mettre à genoux, elle se lève sans être aidée, et prenant la chaise sur laquelle elle était assise, elle la tourne avec adresse et s'agenouille dessus.

« Je repartis de suite, le cœur ravi et plein de reconnaissance pour une guérison si prompte. Dès que nous fûmes arrivés devant la maison, Jacqueline, apercevant son père, se mit à crier : « Je suis guérie. Prenez-moi

Le miracle de la farine (page 59).

« dans vos bras, et mettez-moi à terre ; vous « verrez comme je marche bien et comment « sainte Germaine m'a guérie ! »

« En effet, le père la prit sur ses bras, puis la posa à terre, et la vit marcher à l'instant même, en présence de tout le quartier. Elle marchait libre et agile, sans fatigue, sans la moindre difficulté. Elle était bien guérie, et depuis ce jour elle n'a plus ressenti aucun mal.

Philippe Luc de Cornebarrieu, près de Pibrac, fut atteint à l'âge de douze ans, d'une douleur qui, en peu de jours, lui enleva complètement l'usage d'une jambe ; il lui vint ensuite à la cuisse une plaie, que les médecins, d'un commun accord, déclarèrent être une fistule incurable. Porté à l'hôpital Saint-Jacques de Toulouse et soigné avec zèle, les docteurs restèrent impuissants. Il retourna à Cornebarrieu n'ayant plus d'autre espoir qu'en la bonté de sainte Germaine. Quelques jours après, aidé de sa mère, il part et atteint péniblement l'église de Pibrac. Là, il entend la messe et prie avec ferveur auprès du tombeau de la Sainte. Il n'obtient rien ; mais ne perd pas confiance. Durant le retour, il disait à sa mère que la Sainte lui accorderait certainement plus tard ce qu'elle semblait encore lui avoir refusé. Rentré chez lui, il se couche, et sa mère, ayant enveloppé la plaie de linges qu'elle avait fait poser sur le corps de la Sainte, il s'endort paisiblement.

Après un court sommeil, Philippe appelle sa mère et lui demande de panser de nouveau sa plaie. Elle accourt avec empressement, comme elle avait coutume de faire. Elle enlève les linges. Ciel ! quelle surprise ! Ils étaient secs et la fistule entièrement fermée.

Lorsque les médecins revirent leur ancien malade, ils furent stupéfaits de sa guérison, si complète, si prompte et si peu naturelle.

Ce miracle eut lieu dans le courant de l'année 1844.

Ces quatre miracles, examinés à Rome avec la rigueur extrême en usage dans la congrégation des Rites, ont été approuvés et déclarés suffisants pour la Béatification. Pour la Cano-

Guérison d'une jeune fille (page 60).

nisation, deux autres ont été requis et acceptés de même.

Les voici l'un et l'autre.

Françoise Huot, de Bonnecourt, canton de Neuilly, diocèse de Langres, était dans son enfance bergère, comme le fut Germaine. Bientôt, en grandissant, elle se trouva saisie d'étranges et violentes douleurs. C'étaient les commencements d'une terrible maladie, l'inflammation et peu à peu le ramollissement de la moëlle épinière. On ne peut en guérir, on en meurt sans retard : telle fut la sentence de médecins de l'hôpital de la Charité de Langres, où ses parents l'avaient portée. Paralysée de tous ses membres, couverte de plaies, soumise à d'atroces douleurs, elle entendit un jour la religieuse qui la soignait lui parler de la bienheureuse Germaine. « Quelle est donc cette nouvelle bienheu-« reuse ? lui demanda Françoise. — C'est une « pauvre bergère qui a bien souffert durant « sa vie, que Dieu glorifia toujours par d'in-« nombrables guérisons miraculeuses et que « l'Eglise vient de béatifier. — Une bergère ! « s'écria la pauvre infirme, elle aura pitié « de moi ; car j'ai été bergère aussi et je « souffre beaucoup ! » Une neuvaine fut commencée, pendant laquelle la malade répétait souvent, avec grande confiance : « Bienheu-« reuse Germaine, obtenez-moi de guérir afin « que je puisse devenir Petite Sœur des « pauvres, si le Bon Dieu le veut ! » Ce vœu fut exaucé : le dernier jour, après la communion, Françoise était instantanément guérie devant les religieuses et les personnes présentes à la chapelle.

Ce miracle s'opérait en 1858, le 14 juin, veille de la fête de la Bienheureuse.

La miraculée devint bientôt après, en religion, la Sœur Marie Germaine.

L'autre miracle s'était produit quatre ans plus tôt, le 15 novembre 1854.

Mlle Lucie Noël, de Revel, du diocèse de Toulouse, était née de complexion très délicate. Encore enfant, l'infirmité la réduisait bientôt à ne pouvoir ni marcher, ni se tenir debout sans l'aide d'une autre personne. Sa jambe droite, en particulier, s'était peu à peu allongée plus que l'autre de façon disproportionnée, et par suite du relâchement des articulations pouvait être tournée dans tous les sens.

Et cependant aucun soin, aucun remède ne manquait à l'enfant. Ses parents avaient appelé auprès d'elle les médecins les plus habiles. Tous s'étaient vus contraints, après avoir reconnu la même complication de maladie, à déclarer leur impuissance et à y porter remède.

La jeune Lucie, tout en se résignant à la divine volonté, voulut enfin avoir recours à sainte Germaine en qui elle se sentait une grande confiance. Elle demande donc à ses parents de la porter à Pibrac. Sa sœur et un prêtre de Grenade-sur-Garonne l'y accompagnent. Quand elle fut arrivée à l'entrée de l'église, elle voulut, malgré toute peine, s'avancer vers le tombeau de la Sainte, appuyée sur des béquilles et soutenue par sa sœur.

Au moment de la communion il lui vint en pensée de se diriger seule et sans appuis vers la sainte Table ; mais elle attribua cette pensée à une présomption coupable et craignit de scandaliser par une telle témérité. La même pensée lui vint quand elle sortit de l'église ; elle la repoussa pour le même motif, et elle se laissa porter dans la voiture qui devait la conduire à Grenade chez le digne prêtre qui l'avait accompagnée.

Parvenue à cette destination et laissée un instant seule dans la chambre où elle avait été portée, elle ne sut plus résister au désir qui la poursuivait depuis le moment de la communion. Il lui tardait de savoir si ses pressentiments ne l'avaient pas trompée, si la Sainte l'avait réellement guérie. Elle se lève, et sans le secours des béquilles, essaie de faire quelques pas. O bonheur ! elle se soutient parfaitement, sans éprouver aucune douleur ; elle s'avance, parcourt la chambre en tous sens, va et vient promptement, sans gêne et sans embarras. Certaine alors de sa guérison, elle appelle sa sœur et lui communique sa joie : puis elle descend l'escalier, le remonte et le redescend en présence de sa sœur, du prêtre et de quelques autres personnes, tous remplis d'étonnement. La jambe droite avait repris sa vigueur et sa longueur naturelle; les douleurs avaient disparu; l'infirme était parfaitement guérie.

En témoignage, elle reprit le soir même, à pied, le chemin de Pibrac (au moins 25 kilomètres), avec sa sœur et leur hôte, afin de rendre grâces à Dieu et à sa bienheureuse Servante du miracle opéré en sa faveur.

A son retour à Revel, Mlle Lucie Noël fut visitée par les médecins qui l'avaient soignée. Ils constatèrent sa parfaite guérison et ne purent s'empêcher de reconnaître que c'était là un vrai miracle.

On pourra voir plus loin, quantité d'autres faits aussi frappants que les six précédents et qui prouvent comment est bien fondée, la confiance sans bornes que partout on a placée en la puissance et en la bonté de la bergère de Pibrac.

XIX. — **Tributs des beaux-arts à sa gloire.**

Les beaux-arts ont apporté un généreux tribut à la gloire de sainte Germaine. Parmi les nombreuses peintures qui ont entrepris de nous représenter la sainte bergère, il en est trois entr'autres qui méritent d'être indiquées. D'abord, celles qu'on a fait composer à Rome pour les cérémonies de la béatification et de la canonisation. Ce sont, par exception à un antique usage, des artistes français et non des romains qui eurent l'honneur de ce travail pleinement réussi. Ensuite, celle du R. P. Besson, de l'ordre de Saint-Dominique, que l'on peut admirer à Pibrac, sur l'autel même de la Sainte. Enfin, celle d'Ingres, faite pour l'église de Sapiac, sa paroisse natale, par le grand peintre montalbanais, en reconnaissance d'une guérison miraculeuse accordée à un de ses neveux par la compatissante thaumaturge de Pibrac.

La sculpture et l'architecture s'étaient mises, à Toulouse, en 1877, au service d'une idée proposée par un comité d'amis de la Sainte et qui reçut alors l'approbation empressée de toutes les administrations religieuses et civiles. Elever sur une belle place de la ville un monument artistique à cette aimable sainte qui l'avait illustrée si catholiquement, quelle idée intelligente, populaire, chrétienne ! La place Saint-Georges fut désignée pour cet honneur. Un architecte toulousain, M. Pujol, traça le plan du monument. M. Falguière, son célèbre compatriote, sculpta la statue qui devait en être l'âme.

Mgr Desprez, entouré de sept archevêques, évêques ou abbés mitrés, en présence de toutes les autorités civiles, procéda en grande pompe à la bénédiction et à l'érection de ce beau et pieux monument. La ville entière se mit en fête comme aux grands jours de 1867.

Hélas ! sainte Germaine ne resta pas longtemps sur ce trône civil. Des municipalités se succédèrent hostiles à la Sainte, et l'une d'elles (1), en 1881, la nuit du 15 juillet, au milieu de l'indignation populaire difficilement contenue, fit démolir le monument et enlever

la statue (2)!!! O clémente sainte Germaine, pardonnez, nous vous en conjurons, à ceux qui dans ce jour vous ont tant offensée !

Lorsqu'à Pibrac le pèlerin, ami de l'art,

(1) M. Castelbou était maire.

(2) Cette statue, en bronze, reléguée depuis au musée de la ville, vient d'être cédée à la nouvelle église de Sainte-Germaine, élevée dans le quartier de Sainte-Agne.

Tableau du R. P. Besson.

s'approche des reliques de la Sainte, il peut aussi remarquer une œuvre d'orfèvrerie d'un très réel mérite : la châsse qui les renferme. Elle est en beau cuivre doré. Ses dimensions, bien proportionnées, sont de 1m,20 de long, de 0m,50 de large et de 1 mètre de hauteur. Sa forme est une suite d'arcs en ogives surmontés d'un clocheton. Tout à fait au-dessus, la Sainte est représentée à genoux, au pied d'une croix ; des brebis sont auprès d'elle. Œuvre de Favier, de Lyon, elle est le riche présent offert à la nouvelle bienheureuse par le pieux abbé Lamarque, originaire de Pibrac, décédé à Toulouse, en 1861, à l'âge de plus de quatre-vingt-dix-neuf ans (1).

XX.

Reconstruction de son église de Pibrac.

Une œuvre immense et de grand art se prépare mûrement pour être proposée au zèle et à la générosité des innombrables clients et amis que possède partout sainte Germaine : c'est la reconstruction, devenue nécessaire, de l'église de Pibrac. Pareille à un gigantesque reliquaire, cette église nouvelle renfermerait l'ancienne, sorte de relique véné-

(1) Il est resté, toute sa longue vie, Vicaire de la basilique de Saint-Sernin.

rable où la Sainte a tant prié, et qui, à son tour, contient l'inestimable dépôt de son corps virginal. Elle devrait être agrandie, se dilater quand même, pour donner un abri aux foules innombrables qui, certains jours surtout, y montent de la gare. Digne mémorial du troisième centenaire de l'entrée dans le ciel de l'admirable Bergère, le seul que jusqu'ici l'on ait pu célébrer, cette grande et belle église serait magnifiquement inaugurée en 1901, le 15 juin, jour fixé pour sa fête annuelle.

XXI. — **Extension et formes de son culte.**

Les pèlerinages sont rentrés dans nos mœurs. Lourdes surtout a opéré ce miracle. Aussi, plus nombreux qu'aux anciens jours,

Tableau de M. Ingres.

les pèlerins affluent sans cesse « à sainte Germaine », et, comme aux anciens jours, l'aimable Sainte accorde ses miracles. Tout dernièrement encore, une pauvre percluse, muette et idiote, a retrouvé dans un premier voyage la raison, l'ouïe et la parole, et dans un second, le reste d'une santé aujourd'hui florissante.

Ainsi la gloire de sainte Germaine s'étend de jour en jour par tout le monde catholique. On la connaît, on l'invoque, on lui dresse des autels, non seulement dans tout le midi et dans toute la France, mais encore en Belgique, en Italie, en Sicile, en Allemagne, en Asie, dans les Indes, en Afrique, à Madagascar, et jusque dans la grande Amérique.

Une forme de son culte qui se répand le plus dans les paroisses et les communautés, c'est celle des congrégations de jeunes filles dont elle est la patronne et le modèle. Pibrac est devenu, aujourd'hui, très canoniquement, le centre d'une Association pieuse, qui agrège ces confréries et qui possède tous les privilèges d'une Archiconfrérie.

A Pibrac, les pratiques aimées des pèlerins sont, comme dans tous les pèlerinages : d'abord, des confessions particulières ou générales, des communions ferventes, des messes mieux entendues et des offices mieux suivis ; puis, des honoraires de messes à faire dire, des cierges à faire brûler, des aumônes laissées pour les œuvres du pèlerinage. Mais, en particulier, on baise avec respect les reliques de la Sainte et on fait toucher à son corps des linges et des objets de piété ; on consacre les malades et les enfants, en faisant réciter sur eux des oraisons et le saint Evangile ; on s'inscrit enfin dans l'Association ou Archiconfrérie du pèlerinage à laquelle MM. les Curés et MM. les Aumôniers font agréger aussi les congrégations qu'ils dirigent.

Lorsque le 29 juin 1867, Pie IX eut décerné le titre de Sainte à la Vierge Germaine, il termina l'auguste cérémonie de ce jour en chantant de sa voix sonore la prière suivante, devenue par là même la prière liturgique de la nouvelle Sainte :

Deus, humilium celsitudo, qui Beatam Germanam, Virginem tuam, charitatis et patientiæ decore excellere disposuisti : ejus meritis et intercessione concede, ut, crucem jugiter ferentes, Te semper diligere valeamus. Per Dominum Nostrum Jesum Christum qui Tecum vivit et regnat in unitate Spiritûs Sancti, Deus ; per omnia sæcula sæculorum.

Une immense multitude répondit d'une voix unanime : *Amen.*

On sait qu'en français ces paroles signifient : *O Dieu, qui exaltez les humbles, et qui avez voulu faire briller sainte Germaine, votre Vierge, de l'éclat des vertus de charité et de patience, faites, par ses mérites et son intercession, que portant constamment notre croix*

nous puissions vous aimer toujours ! Par Jésus-Christ N.-S., etc. Ainsi soit-il !

Sancta Germana, ora pro nobis ! Sainte Germaine, priez pour nous ! porte en exergue l'apothéose dessiné ci-dessus. Cette pieuse invocation forme aussi le refrain d'un des cantiques populaires en l'honneur de la Sainte. Placée à la fin d'une de ses dernières strophes, elle clôturera dignement cette vie :

> Vous qu'au ciel, Dieu rend si puissante,
> Vous, qui prenez pitié de tous,
> Thaumaturge compatissante,
> O Germaine, priez pour nous !

Apothéose de sainte Germaine.

DEUXIÈME PARTIE

MIRACLES

Peu de saints ont été aussi glorifiés que l'humble bergère de Pibrac par la toute puissance de Dieu ; c'est à juste titre qu'on a pu la nommer la thaumaturge du Midi.

Depuis son apparition à Madame de Beauregard et la guérison merveilleuse de cette dame, les miracles, nous l'avons dit, n'eurent pas d'interruption soit sur sa tombe, soit partout où la foi l'invoquait. On eut parfois le soin d'en constater par écrit quelques-uns ; mais un très grand nombre, et non des moins importants, ne l'ont jamais été.

En 1843, lorsque Mgr d'Astros, archevêque de Toulouse, résolut de faire enfin réussir la cause de béatification de sa glorieuse diocésaine, il envoya M. l'abbé Estrade parcourir les diocèses où la vierge de Pibrac était connue, afin de recueillir tous les témoignages qui la concernaient. Cet habile et digne zélateur de la cause rapporta à Sa Grandeur un grand dossier de procès-verbaux attestant légalement plus de quatre cents miracles ou grâces extraordinaires attribuées à l'intercession de la pieuse Germaine. On peut en voir l'exposé authentique, ainsi que celui d'un grand nombre d'autres opérés depuis trois siècles, dans les actes volumineux de la Béatification et de la Canonisation de la Sainte.

Voici le récit abrégé de quelques-uns, extraits de cette source autorisée.

1. En 1664, trois ans après la première enquête instituée par l'archidiacre Jean Dufour, Anne Frégaud, pauvre femme de Pibrac, affligée des écrouelles, voyait, après quatre années de soins et de remèdes, son mal empirer constamment. N'attendant plus sa guérison des moyens humains, elle implora l'intercession de la bienheureuse Bergère sa compatriote. Elle fut à l'instant et entièrement guérie, au grand étonnement de tout le village, qui l'avait vue chargée d'ulcères dont il restait à peine les cicatrices. Vingt ans après, une fluxion à l'œil droit lui fit perdre subitement la vue, et elle resta dix-huit mois dans cet état. Elle eut de nouveau recours à la pieuse Germaine, et, de nouveau elle obtint une entière guérison. Anne Frégaud se présenta elle-même en 1701 au Père Morel, certifiant de vive voix et par écrit les deux grâces étonnantes qu'elle avait reçues.

2. Plus dangereux et plus digne encore de compassion était l'état dans lequel se trouvait, en 1670, l'abbé Roumenguères, vicaire de Pibrac. Une paralysie universelle le privait

de tout mouvement. Après avoir inutilement essayé des secours de la médecine, il se fit transporter auprès de la bière qui renfermait le corps de sa sainte paroissienne, et il implora sa protection ; elle ne la lui fit pas attendre : Ce bon prêtre se sent tout à coup animé d'une

vigueur inconnue depuis longtemps. Il se dresse lui-même sur ses pieds, il prépare ses ornements, il monte à l'autel, et célèbre la sainte messe en présence d'un grand nombre de personnes qui, témoins du miracle, s'unissent à lui pour rendre gloire à Dieu, admirable dans ses Saints.

3. Tout proche de Pibrac, dans la commune de Cornebarrieu, vivait une jeune fille

Château de Pibrac.

de douze ans nommée Bernarde Roques ; elle était paralytique, et, depuis quatre ans, les médecins l'avaient déclarée incurable. En l'année 1677, ses parents l'apportent avec confiance au tombeau de Germaine. Ils entendent la messe, prient, et lui font toucher les reliques ; elle marche, elle est guérie ; elle revient à pied, libre et joyeuse, suivie de ses parents qui bénissent Dieu.

4. Jean Delapart, ses deux filles, âgées de vingt-deux et vingt-trois ans, et son fils, qui en avait dix-huit, habitants de Colomiers, près Pibrac, étaient atteints des écrouelles et couverts d'ulcères. Ils savaient que Germaine, qui avait supporté ce même mal avec tant de résignation, se montrait souvent favorable à ceux qui lui demandaient de prier Dieu de les en délivrer. Ils vinrent ensemble l'invoquer, entendirent dévotement la sainte messe, touchèrent la bière, et s'en allèrent pleins d'allégresse, ayant tous quatre obtenu ce que leur foi était venue chercher.

5. Les habitants de Pibrac, qui à la vue de tous ces miracles, redoublaient de confiance en leur sainte compatriote, en éprouvèrent aussi les précieux effets, en l'année 1692, par le miracle suivant dont tous furent les témoins étonnés et reconnaissants.

Dans l'été de cette année, le village fut tout à coup environné à distance, d'un sombre nuage, au milieu du jour. L'horizon paraissait en feu, et déjà l'on entendait gronder au loin le tonnerre. Jamais, de mémoire d'homme on n'avait vu un orage se former et menacer d'une manière aussi sinistre. Justement effrayés de tous ces signes avant-coureurs de la tempête, les habitants se réfugient dans l'église au pied des autels. Par un mouvement spontané, véritable inspiration du ciel, ils se précipitent en foule autour du cercueil de la Sainte, la suppliant de protéger leurs maisons, leurs moissons et leurs fruits. Des prières si ferventes furent à l'instant exaucées. Un orage affreux se déchaîne aussitôt sur tous les points qui environnent les champs de Pibrac et hâche, ravage tout sur son passage. A Colomiers surtout, il est terrible ; tous les arbres y sont déracinés et quatre cents maisons, disent des témoins authentiques, sont saccagées ou détruites. La perte s'élève à deux cent mille francs, somme énorme pour cette époque. Mais tandis que la tempête dévaste le voisinage, à Pibrac un calme profond règne dans l'atmosphère et le ciel y demeure serein.

6. Un grand nombre d'autres miracles eurent lieu, avant l'année 1700. Ils se trouvent consignés dans les actes du procès fait à cette époque par le Père Morel.

Depuis cette enquête mémorable, les registres authentiques de la paroisse en ont constaté beaucoup d'autres, dont nous ne rapporterons que ceux-ci :

François Tissinier, garçon de vingt ans, du

village de Caubiac, (village à quatre lieues de Pibrac, au Nord-Ouest, dans le canton de Cadours), était privé de la parole et de l'ouïe. Confiant au pouvoir de Germaine, il supplia comme il put M. Bourget, vicaire de Léguevin, de l'accompagner à Pibrac, et d'y célébrer la messe à son intention. Ils arrivèrent le 9 du mois de juin 1702. Pendant que le prêtre offrait le saint sacrifice, François se recommandait à la Bienheureuse avec une foi vive. La messe étant terminée, l'infirme était guéri ; il suit le prêtre à la sacristie, et là, d'une voix claire et ferme, il le remercie du bienfait qu'il lui a obtenu. Les assistants étonnés, le pressent de questions, pour s'assurer si réellement il n'est plus sourd ni muet. Il répond sur son nom, sur son village, sur ses parents ; enfin, à tout ce qu'on lui demande. La relation est signée du comte de Pibrac, de trois prêtres et de cinq autres témoins.

7. A la suite d'une cruelle maladie, Jean Serre, âgé de dix-huit ans, fils d'un riche marchand de Toulouse, resta entièrement estropié d'une jambe, dont il ne pouvait en aucune façon se servir. Après une année de soins inutiles, il se fit conduire à Pibrac, le 9 septembre 1703. S'étant confessé et ayant communié, il s'approche des reliques de sainte Germaine et se sent guéri. En présence du curé et d'un grand nombre de témoins, il jette sa béquille, et marche librement dans l'église, louant Dieu à haute voix.

8. La même année, 1703, le 16 octobre, fut aussi guérie miraculeusement non d'une maladie, mais d'une complicatiou de maux, Marie Pennetier, de Toulouse. Elle était, depuis plusieurs années, affligée de continuelles et très vives douleurs d'entrailles qui

ne lui laissaient point un instant de repos ; elle avait de fréquents vomissements convulsifs ; une grande et terrible plaie lui rongeait le visage. Aucun remède n'avait pu la soulager. A peine a-t-elle promis de faire un pèlerinage au tombeau de la Sainte, que la plaie se ferme ; et quand elle vient au tombeau de Germaine pour acquitter son vœu, tous ses autres maux

Portail d'Henri IV.

disparaissent également et font place à une santé parfaite.

9. En 1705, un ancien Procureur général au Parlement de Toulouse, messire Lemazuyer se rend à Pibrac, « pour y faire ses dévotions « en actions de grâces de ce que Dieu l'a déli- « vré soudainement de douleurs violentes et « continuelles auxquelles allait succomber sa « débile vieillesse ; et ce, dès qu'il eut invoqué « le Seigneur par les mérites de la dévote « Germaine, dont le corps repose dans la « sacristie de Pibrac. » Ce sont les termes mêmes du proeès-verbal signé par le magistrat reconnaissant.

10. Les registres paroissiaux des miracles, tenus, vers la fin du siècle dernier, avec une excessive négligence, ne mentionnent même pas de miracles tels que les deux suivants authentiquement attestés d'ailleurs, et arrivés en 1784, quelques années avant la Révolution.

Jeanne Marie Miquel, de Toulouse, à la suite d'un rhumatisme dont elle avait souffert dès son enfance, avait eu les jambes complètement paralysées. Dans cette infirmité qui durait depuis sept à huit ans, elle ne pouvait se mouvoir qu'à l'aide de béquilles, lorsque son père la conduisit, en 1784, au tombeau de Germaine. Pendant la messe, au moment de l'élévation, elle sentit intérieurement qu'elle guérirait, et, d'elle-même, sans secours, elle se mit à genoux. La consécration étant terminée, elle se relève et s'asseoit. La messe finie, elle marche. On la voit avec admiration parcourir agilement l'église; et elle revient à Toulouse, laissant ses béquilles suspendues au tombeau de l'humble bergère qui l'a si bien et si promptement délivrée.

11. Jean Baptiste Teulade, fils d'un marchand de Toulouse, était né aveugle. Un jour que sa mère le regardait en pleurant, une servante de la maison, jeune fille de grande piété, lui dit: « Madame, que ne recourez-vous à Germaine Cousin ? » La pauvre mère, encouragée par ces paroles, pria la servante d'aller elle-même à Pibrac et de faire célébrer une messe pour obtenir de Germaine la grâce désirée. La pieuse fille s'y rendit avec joie et se mit en prière. La mère priait à la maison. Tout à coup l'enfant aveugle, couché dans son lit élève la voix avec force: « Oh! maman! maman! que je vois de belles choses! » Du doigt il montrait la couverture de son lit qui était de différentes couleurs. La mère, dans un transport de joie, embrasse son enfant et se jette hors de la maison, appelant de toutes parts ses voisines pour les rendre témoins de cette merveille. Son fils avait subitement acquis la vue, dans le moment même, comme on le sut bientôt, que la jeune servante priait au tombeau de Germaine.

Nous avons dit plus haut que pendant le temps où ses reliques étaient profanées, au fond de la fosse creusée pour les détruire, la sainte Bergère, toujours visitée et invoquée, continuait même alors d'opérer ses miracles accoutumés.

Mais depuis la restauration du culte et durant le cours du siècle présent, ils se sont multipliés plus encore, et c'est de leur récit succinct, authentique et signé, que sont remplis les nouveaux registres paroissiaux destinés à cela. Les grandes Vies de la Sainte écrites par Louis Veuillot, par l'abbé Salvan, par M. Bénezet, etc., les reproduisent tout au long. Là, comme dans la première relation de Jean Dufour, en 1661, on peut voir une série monotone, mais très longue, d'aveugles, de sourds, de muets, d'ulcéreux, de scrofuleux, d'estropiés, de paralytiques, de malades de toute sorte, guéris presque toujours subitement, et sans autre remède que la foi, la prière et l'approche des reliques de la Sainte. Et ces miraculés sont des pauvres, des riches, des campagnards, des citadins, des petits, des grands (1), des gens originaires de toutes les parties de la France, de l'Espagne, de la Belgique et d'autres pays.

On a longtemps pu voir exposée à l'entrée de la sacristie une sorte de galerie présentant une collection de béquilles de toute grandeur et de toute forme, laissées par des malades en

(1) Entr'autres Marie Thérèse d'Espagne, femme de don Carlos, qui, retirée à Bourges, fut, en 1845, guérie par la Sainte, dont lui parla M. l'abbé de Pons, neveu de Mgr de Villèle, ainsi qu'elle l'atteste elle-même dans une lettre écrite à Pie IX. (Voir Salvan, *Vie*, p. 170.)

témoignage de leur guérison et comme des trophées de la puissance céleste de Germaine.

Parmi les pièces de ce trésor, quelques personnes remarquaient, tout intriguées, une paire de menottes de prisonnier, en fer et très

anciennes. A ce sujet, on racontait le curieux trait suivant :

12. Bien des années avant la Révolution française, un pauvre prisonnier, accusé d'un grand crime, était conduit par la maréchaussée devant les juges de Toulouse. Il venait de la Gascogne. La grand'route d'Auch à Toulouse passait alors par le village de Pibrac. Ce prisonnier était innocent. Il avait entendu parler des miracles opérés par la

Château de Beauregard.

sainte bergère. Arrivé devant l'église, où étaient ses reliques, il conjura ses gardes de l'y laisser entrer pour prier sainte Germaine. Ils lui accordèrent sa pieuse demande. Suivis de quelques habitants piqués de curiosité, ils entrent avec lui. Le pauvre prisonnier va d'abord se jeter à genoux au pied du saint tombeau, répandant d'abondantes larmes et conjurant la compatissante bergère de faire manifester son innocence. Au moment où pressé par les gardes, il se relevait, sa prière finie, les menottes tombent tout à coup de ses mains. Les assistants s'en aperçoivent et crient au miracle ; ils veulent s'emparer du prisonnier et lui rendre la liberté. Mais il s'y oppose, avec raison, et accompagné de ses gardes, devenus respectueux, il se présente à ses juges, qui, exactement instruits, l'acquittent avec empressement. Il demande comme une grâce qu'on lui donne ses menottes et tout heureux de les avoir obtenues, il court à Pibrac auprès de sa sainte libératrice et lui en fait un triomphant hommage.

En 1840, et un peu plus tard, en 1845, deux guérisons miraculeuses eurent à Toulouse et dans toute la région un tel retentissement que nous devons les indiquer ici.

13. La première est celle de M. Charles de Raymond-Cahusac, alors âgé de huit ans et demi. Une maladie de l'épine dorsale l'avait depuis plusieurs mois privé de l'usage de ses

membres. Il ne pouvait ni se tenir ni marcher. Quand on le portait sur les bras, ses jambes étaient flottantes, comme les jambes d'un squelette; si l'on appuyait ses pieds à terre, elles fléchissaient aux articulations, sans offrir au poids du corps la moindre résistance. La paralysie de ces extrémités inférieures était complète; il y avait atrophie. Les meilleurs soins de la médecine avaient été infructueux. Le 28 avril, il fut porté dans l'église de Pibrac. Pendant la messe, au moment de l'élévation, le jeune malade se lève et se met à genoux, en disant : « Je suis guéri ! » Il reste dans cette position jusqu'à la fin de la messe. De suite après, il marche légèrement appuyé sur le bras de sa grand'-mère. Cela se passait vers les neuf heures du matin. A cinq heures du soir, il parcourait à pied, sans être aucunement soutenu, plusieurs rues de Toulouse, faisait des visites, montait des escaliers. Saisi d'étonnement, le médecin distingué qui avait soigné jusque-là le jeune enfant, déclara que Dieu seul avait pu opérer cette guérison si subite et si parfaite. Elle s'est depuis admirablement soutenue. A cette heure, M. Charles de Raymond, digne héritier des nobles et chrétiennes traditions de sa famille, est le président de l'œuvre importante des Hospitaliers de Notre-Dame de Lourdes.

14. La seconde guérison est celle de Mlle Henriette d'Adhémar, d'une des nobles familles de Toulouse.

A l'âge de quatorze ans, dit le savant docteur qui la soignait, sa santé, d'ailleurs délicate, était souvent altérée de névroses, toutes très douloureuses. En 1842, ces affections s'étaient tellement aggravées qu'elle avait perdu entièrement l'usage de la langue et d'une jambe ; elle avait la main droite couverte de plaies ; elle ne pouvait plus prendre que fort peu de nourriture, toujours au prix de très vives douleurs. Immobile dans son lit, elle attendait en quelque sorte à chaque instant la mort, ne donnant plus aux médecins aucun espoir de la guérir. Elle se fit transporter à Pibrac, et sa foi y fut immédiatement bénie. Avant la fin même de la messe qu'elle entendait, elle se sentit subitement délivrée de tous ses maux. Elle avait recouvré la voix, le mouvement; les douleurs avaient cessé. Sortie de l'église, elle put prendre des aliments, et son estomac ne les rejeta point. Comme ce jour-là était un vendredi, elle fit maigre, disant qu'ayant obtenu de Dieu la santé par l'intercession de sainte Germaine, elle devait, par reconnaissance comme par devoir, observer les lois de l'Église. Elle prit en même temps la résolution de venir à Pibrac en pèlerinage, le troisième vendredi de chaque mois, pour remercier sa céleste protectrice.

15. Terminons par ce fait arrivé récemment, qui prouve l'amabilité de Notre-Dame de Lourdes à l'égard de sa douce servante, la

bergère de Pibrac (1). Un train spécial de pèlerins qui allait à Lourdes voulut, selon un

(1) On trouve à Lourdes, dans la basilique, une chapelle et un autel dédiés à sainte Germaine : c'est la première à gauche en entrant. Là fut placée dans un beau reliquaire, une précieuse relique de la sainte, que donna à Notre-Dame un pèlerinage paroissial de Pibrac. De plus, on peut voir sur un élégant piédestal, dans la crypte, à droite, en entrant, une statue de la sainte française du Midi qui fait pendant à celle d'un français du Nord, le saint mendant Benoît Labre.

Sainte Germaine enseignant les petits enfants.

usage qui s'établit, s'arrêter à Pibrac pour que, recommandé par Germaine, il fût mieux accueilli par Marie. Dans ce train se trouvait une pauvre religieuse converse qui depuis quatorze ans ne pouvait marcher et se tenir debout qu'à l'aide d'une béquille. Elle se plaça près du tombeau de la Sainte, pria longtemps, ne demandant qu'une guérison incomplète, le pouvoir seulement de marcher et d'agir sans béquille. Elle l'obtint à l'instant, laissant là sa béquille près du tombeau de sa bienfaitrice en témoignage de sa guérison et de sa gratitude.

TROISIÈME PARTIE

PIBRAC

Détails historiques.

1. — *Sur l'Eglise.*

« Au commencement du XIIe siècle, Pibrac n'était, suivant les titres de cette époque, qu'un simple *castrum*, espèce de refuge bâti sur une hauteur, où le seigneur du lieu avait établi sa résidence. Près de sa demeure, se trouvait un modeste oratoire qui fut, sans doute, remplacé plus tard par l'église actuelle. Cet oratoire était desservi par un chapelain dont le ministère s'étendait à tous les employés du château.

« Jusqu'en 1128, nous n'avons trouvé aucun renseignement sur cet ecclésiastique; aussi nous serait-il difficile de dire s'il appartenait au clergé régulier ou au clergé séculier. Mais au commencement du XIIe siècle (1128), nous trouvons un acte qui nous apprend qu'à cette époque les Frères Hospitaliers de Saint-

Jean de Jérusalem (1) avaient déjà des relations avec Pibrac. » (PIBRAC, *Histoire*, etc., par M. le comte A. du Faur de Pibrac, p. 7.)

Ils y acceptent alors, en effet, des donations d'abord d'un riche et généreux habitant nommé Pierre de Pibrac, plus tard, d'un de ses fils appelé Pierre-Raymond, et enfin, à la mort de ce dernier, de sa veuve Ermengarde et de ses deux fils.

Cent ans après, un descendant de ces généreux donateurs, Arnaud-Raymond de Pibrac, fonde dans le village et dote un hospice, qui a existé jusqu'à la Révolution. « Depuis, ses lits ont été absorbés par ceux de la grande administration hospitalière de Toulouse. » Or, un acte du 4 septembre 1231, conservé dans les archives de la Préfecture de Toulouse, constate authentiquement que cet hospice, ainsi que la paroisse, étaient administrés alors par les Frères Hospitaliers de Saint-Jean.

En 1540, le château actuel ayant été rebâti et agrandi par Pierre du Faur de Pibrac, président au Parlement de Toulouse, père du célèbre Guy du Faur de Pibrac, et par Cau-

(1) On appelait encore ces religieux-militaires, chevaliers de Rhodes et puis chevaliers de Malte.

Ils devaient être alors depuis peu de temps à Toulouse, puisque leur ordre, fondé récemment à Jérusalem par Gérard de Martigues, n'avait été approuvé pour toute la chrétienté qu'en 1120.

side Douce (1), sa mère, fille de Jean Doux, co-seigneur de Pibrac, l'église le fut aussi, en même temps, par les soins du Frère prieur, Guy-Raymond Monet, des Hospitaliers de Saint-Jean, curé de Pibrac. Elle fut même

voûtée, mais les murailles n'étant pas assez fortes pour supporter la voûte, il fallut abattre cette voûte et lui substituer un simple plafond.

Soixante ans plus tard, en 1604, les troubles

(1) *Causide* est un terme languedocien qui signifie *choisie, élue*, en latin, *electa*. Aux noms paternels de forme masculine, tels que Blanc, Roux, etc , et en particulier Doux, on donnait anciennement et encore aujourd'hui, en plusieurs contrées, la terminaison féminine, quand il s'agissait de personnes du sexe.

Eglise de Pibrac.

religieux, suscités par les protestants avaient tellement ravagé et ruiné les biens ecclésiastiques dans tout le midi de la France, que cette église, quoique récente, était tombée dans le plus complet délabrement et dans la plus extrême misère: « *Une toiture complètement à refaire ; les murs lézardés, laissant passer le vent à travers leurs parois ; des fenêtres dépourvues de leurs vitraux brisés ; sur le maître-autel, un tabernacle et une croix hors de service ;... un pauvre ciboire en cuivre ; pas de lampe au sanctuaire ; des fonts baptismaux vieux, en plomb et fort sales*, etc., » tel est l'état navrant décrit, en résumé, par les enquêteurs officiels.

Tel il se présenta pendant les vingt-deux ans de sa vie, à l'œil attristé de Germaine. Loin de la détourner de sa visite quotidienne au divin Rédempteur, il l'attirait au contraire. Eh ! ne fallait-il pas, par des honneurs répétés et des adorations plus assidues, honorer et orner ce lieu saint si pauvre et si délaissé, dans lequel, néanmoins, Il daignait habiter, l'accueillir et se donner ?

Lorsqu'en 1601, ses dépouilles mortelles y furent portées et ensevelies au milieu d'un grand concours de peuple, ne semble-t-il pas que déjà, par la céleste influence de la bergère adoratrice, cet état misérable ait dû impressionner et frapper vivement des yeux, jusque-là ou distraits ou insensibles ? C'est, en effet, deux ou trois ans après, que fut faite l'enquête officielle qui, en le signalant, et en le déplorant, ordonnait de le faire cesser.

Mais il fallut les efforts de tout un siècle avant d'y réussir. Cette église ne fut enfin déclarée digne et satisfaisante, par les visiteurs Hospitaliers, qu'en 1705, alors que, l'année précédente, la commune de Pibrac était parvenue à la rebâtir à neuf.

Il semble que depuis lors, elle aurait traversé tout le XVIIIe siècle et même la Révolution, sans réparation et sans retouches notables. Bien plus, en des jours si désastreux pour tant d'autres églises, elle put s'enrichir des magnifiques dépouilles de deux églises monastiques supprimées à Toulouse. Le grand rétable doré et décoré de six belles statues qui orne si bien le sanctuaire, le maître-autel et le tabernacle, l'un et l'autre en marbre rare, proviennent de l'église des Dames du Refuge. La chaire et deux rétables, encadrant deux tableaux de Despax (1), qui ont longtemps décoré les deux chapelles latérales, avaient figuré auparavant dans l'église des Dames de la Visitation. L'un de ces tableaux représentait le Sacré-Cœur de Jésus, l'autre saint François de Sales, et les statues du grand rétable, saint Pierre, saint Paul, saint Jean-Baptiste, saint-Etienne, saint Augustin et saint Ignace de Loyola.

En 1830, on transféra la sacristie du côté

(1) Peintre toulousain de mérite du siècle dernier.

sud du sanctuaire, où elle avait toujours été, au côté nord de la nef, où elle se trouve encore. Le P. Montagne la fit agrandir, quelques années plus tard. C'est lui encore qui, après 1841, fit construire, sur l'ancien cimetière, la chapelle méridionale longeant la nef, à gauche en entrant.

Vers 1846, une poutre vermoulue du plafond de l'église étant tombée, la nuit, près de la chaire, à gauche, la municipalité la fit remplacer et fit refaire la toiture. La fabrique, ou plutôt le P. Montagne, n'ayant pu obtenir d'exhausser tout l'édifice et de lui donner une voûte, il disposa l'ancien plafond comme il put, en voûte surbaissée à caissons losangés, et il fit peindre l'église en entier, telle qu'on la voit aujourd'hui.

C'est aussi à lui qu'on doit l'ornementation présente des deux chapelles latérales, l'arrangement des fonts baptismaux et les orgues qui les surmontent, la marquise en avant du clocher, et, aussi, par suite, la fermeture d'une porte peu large par laquelle jadis sortaient, non sans difficulté, les processions dominicales.

Le dégagement de la place, ses sièges et ses plantations, le presbytère actuel, l'établissement des Sœurs de la Croix dans l'ancien presbytère restauré, celui des Frères des Ecoles chrétiennes dans la maison et le parc de M. de Sambucy-Miers, sont aussi, pour le dire en passant, tout autant d'œuvres dues à son influence ou à sa généreuse administration.

2. — *Sur le Patron titulaire de l'église.*

L'église et la paroisse de Pibrac ont maintenant pour patronne titulaire ou primaire

sainte Marie-Madeleine, dont la fête tombe le 22 juillet. Cependant les premiers documents qui mentionnent son titre liturgique, l'appellent l'*église de Saint-Sauveur*. D'autres postérieurs ajoutent à ce titre, il est vrai, celui de

Monument de la place Saint-Georges.

sainte Madeleine; mais on ne trouve aucun document qui explique pourquoi ce second titre aurait été joint au premier et surtout pourquoi celui-ci aurait été finalement abandonné.

La chapelle de gauche, du côté de l'Evangile, est invariablement désignée comme chapelle de la Sainte-Vierge.

Celle de droite paraît avoir eu au contraire successivement plusieurs patrons. C'est d'abord, peut-être saint Georges, puis sainte Madeleine, puis saint Joseph, et après la Révolution, quand le rétable venant de la Visitation y fut installé, c'est saint François de Sales, à cause, apparemment, du tableau de ce saint que l'on voyait au centre du rétable. Aujourd'hui, c'est la chapelle de sainte Germaine.

Au-dessus de l'autel, le tableau de la sainte peint à Rome par le P. Besson, des Frères Prêcheurs, a remplacé celui du saint évêque de Genève, et, en face de l'autel, derrière la grille ordinairement toute ouverte, se voient, dans leur châsse dorée, les reliques de la Sainte, richement habillées et enveloppées, à la romaine, dans un bel extérieur de cire.

3. — *Sur les reliques de sainte Germaine.*

Ces saintes reliques, — gloire et trésor de l'église de Pibrac, foyer d'où rayonnent depuis des siècles des grâces admirables de

foi, de piété, de toutes les vertus, des lumières et des forces vraiment célestes, des guérisons sans nombre et des miracles étonnants, — ces reliques, comme on l'a déjà vu précédemment, furent d'abord confiées à une tombe creusée dans l'église, à gauche de la chaire, vers le centre de la nef, plus près néanmoins de l'entrée de la chapelle de la Vierge.

Quarante-quatre ans après, retrouvées intactes, pieusement relevées et reconnues publiquement, elles furent laissées dans leur

Découverte du corps de sainte Germaine.

cercueil primitif, et, pendant quelque temps seulement, dressées le long de la muraille, à côté de la chaire, près du banc des seigneurs de Beauregard. Lorsque la dame de ce nom eut été guérie par la Sainte et que, par reconnaissance, elle eut donné une caisse de plomb pour les y enfermer plus décemment, on les ôta de l'église et on les porta dans la sacristie. C'était sans doute en vue de la canonisation, dont une condition préalable exige très rigoureusement qu'avant l'introduction de la cause d'un saint, on ne lui ait jamais rendu extérieurement aucun culte public. La sacristie où les reliques furent honorablement déposées était alors à droite du sanctuaire, au midi, sur le sol du cimetière attenant à l'église.

C'est là qu'elles subirent, dix-sept ans après, en 1661, l'examen officiel de l'archidiacre Jean Dufour. Afin de s'assurer que leur conservation parfaite n'était pas un effet du terrain où elles avaient été si longtemps enfermées, il fit rouvrir, dans ce même terrain, la tombe où, depuis dix-sept ans, avait été ensevelie la parente de sainte Germaine, appelée Endoualle. On ne trouva au fond que des ossements décharnés, disloqués et déjà même en partie dissous par la terre.

Le corps virginal de Germaine resté toujours sans corruption par la seule vertu divine, fut donc laissé dans la sacristie jusqu'en 1700, où le P. Morel, procédant à sa célèbre enquête, le retrouva dans le même état de parfaite et miraculeuse conservation.

En 1705, eut lieu une importante visite régulière des Supérieurs Hospitaliers, dans laquelle on déclare qu'enfin l'église et la sacristie sont rebâties à neuf, que la sacristie, en particulier, est reconnue très belle et en très bon état ; puis l'on ajoute ceci : « Nous « avons trouvé un petit mausolée de briques « où repose le corps entier de la dévote Ger- « maine, de Pibrac, qui est décédée depuis « plus de cent vingt ans (1). Elle est dans une « caisse de bois revêtue d'un couvert de plomb « qui a été donné par M. de Cominchay, tré- « sorier général de France (2). L'entrée du « mausolée est fermée par une grille de fer « bien travaillée, garnie de trois serrures « fermant à clef. »

D'autres visites officielles des Supérieurs Hospitaliers faites régulièrement pendant tout ce siècle, jusqu'en 1782, signalent toujours ce mausolée comme conservant les reliques de celle que l'on appelle d'abord la *dévote Ger-*

(1) Il fallait dire : depuis plus de deux cents ans, puisque la sainte mourut en 1601. On aura confondu la date du décès avec celle où, en 1661, son saint corps fut replacé dans le mausolée de la sacristie, par ordre de l'archidiacre Jean Dufour.

(2) L'abbé Salvan (*Histoire de sainte Germaine*, p. 125, édition citée) le nomme Mr de Chominian et le dit coseigneur de Colomiers.

« Selon toutes les apparences, ajoute le même auteur, ce fut à cette époque que l'on enleva quelques fragments des reliques et quelques objets qu'on avait trouvés dans le premier cercueil. »

maine, puis la *Bienheureuse dévote*, enfin tout simplement la *Bienheureuse*.

La profanation de ces saintes reliques fut perpétrée en 1793, sur l'ordre du comité révolutionnaire du district de Toulouse, par l'un de ses membres, fabricant de vases d'étain, le nommé Toulza. On connaît les détails de ce sacrilège attentat. Ils sont attestés, dans le procès de la canonisation, par M. Germain Azéma, fils de ce quatrième habitant de Pibrac requis par la municipalité locale terrorisée par Toulza, et qui, saisi d'horreur, s'enfuit pour ne pas obéir. Le soin mis par les profanateurs à jeter le saint cadavre dans une fosse à part, creusée exprès dans le sol de la sacristie, et non dans une fosse ordinaire et commune parmi celles du cimetière, fournit une garantie assurément involontaire mais absolument indiscutable de son identité, lorsque, deux ans après, on put l'en retirer. La Providence voulait montrer par là que pour sa fidèle et pure servante elle réalisait aussi la parole du Prophète : *Dieu garde les ossements des Saints, et pas un ne sera brisé.*

Replacé, en 1795, dans le mausolée de l'ancienne sacristie, le corps de la Sainte y demeura jusqu'en 1820. Alors, il fut transporté dans la nouvelle sacristie.

Onze ans plus tard, en 1831, l'humidité obligea de le déplacer encore. Oubliant les défenses canoniques dites de non-culte, on le déposa à découvert dans la chapelle qui est au sud, à l'abri de l'humidité. Mais dès qu'on s'aperçut de cet oubli trop grave, on s'empressa de l'enfermer dans l'endroit que depuis lors il occupe, c'est-à-dire dans une large ouverture pratiquée dans le mur qui fait

face à l'autel, ce qui permet un accès facile auprès de lui, par les chapelles bâties des deux côtés.

Lors d'une des enquêtes qui précédèrent la béatification, il fut extrait de cette sorte de sépulcre, afin d'être soumis à l'examen de deux docteurs médecins de Toulouse. Ils devaient attester d'après la science, sa parfaite

La canonisation de sainte Germaine, à Pibrac.

identité avec tout ce que la tradition et l'histoire en rapportaient. Cette formalité exactement remplie, le corps fut scellé avec des bandelettes de soie cachetées à la cire, et puis, soigneusement voilé pour rester soustrait aux regards tout le temps que dureraient les procédures de sa cause. L'observation rigoureuse de ces prescriptions canoniques fit croire quelque temps à certains esprits faibles ou prévenus que ce précieux trésor avait été dérobé et emporté à Rome. On vit bien le contraire quand, en 1854, il fut montré aux yeux de tous, comme il a été dit, richement habillé, enveloppé à la romaine dans un bel extérieur de cire qui laisse néanmoins voir les saints ossements au coude d'un bras et à la plante d'un pied, enfermé dans une magnifique chasse dorée, exposé dans le sanctuaire et enfin porté en triomphante procession.

Toutefois, par respect pour un usage romain qui a force de foi, il a fallu extraire de ce corps saint quelques moindres ossements pour en faire présent au Saint-Père, aux Cardinaux et à divers Prélats. Il était juste aussi que l'église de St Sernin, à Toulouse, le plus riche reliquaire de la chrétienté après la ville de Rome, reçut une relique de cette Sainte presque toulousaine et si digne d'ailleurs, de prendre rang parmi la société des Saints dont ses cryptes se glorifient. Lourdes, enfin, possède aussi dans la chapelle de la Sainte (la première à gauche en entrant dans la basilique), une autre de ses belles reliques, portée et offerte à Notre-Dame comme don et souvenir d'un grand pèlerinage de la paroisse de Pibrac.

Ce que l'on offre quelquefois à titre de reliques de la Sainte n'est souvent qu'une sorte de poussière trouvée au fond de sa

bière quand, avant et après l'introduction de sa cause, on a dû en retirer son corps pour les motifs indiqués ci-dessus.

Ce serait donc en toute exactitude que l'on pourrait écrire au-dessus de sa chasse : *Hîc integrum servatur corpus virgineum sanctæ Germanæ Pibracensis.* — *Ici se conserve en entier le corps virginal de sainte Germaine de Pibrac.*

La châsse des reliques de sainte Germaine.

TABLE DES MATIÈRES

Abbeville, imp. C. Paillart, éditeur des *Brochures illustrées de Propagande catholique.*

www.ingramcontent.com/pod-product-compliance
Ingram Content Group UK Ltd.
Pitfield, Milton Keynes, MK11 3LW, UK
UKHW020249220726
13923UKWH00002B/871